OUVRAGES DU MÊME AUTEUR :

Les Dessous de Paris. Avec eau-forte de Léopold Flameng. Achille Faure éditeur. (3ᵉ *édition, revue, corrigée et augmentée.*)

Histoire anecdotique des Cafés et Cabarets de Paris. Avec eaux-fortes et dessins de Gustave Courbet, Félicien Rops, et Léopold Flameng. E. Dentu éditeur.

Lettres de Junius. Coups de plume sincères sur la littérature contemporaine. E. Dentu éditeur.

Les Amours buissonnières. Roman parisien. E. Dentu éditeur.

Les Cythères parisiennes. Histoire anecdotique des bals de Paris, avec eaux-fortes de Félicien Rops et d'Émile Théroud. E. Dentu, éditeur. (2ᵉ *édition.*)

Françoise. Chapitre inédit de l'histoire des quatre sergents de la Rochelle, avec eau-forte d'Émile Théroud. Achille Faure éditeur.

Le Fumier d'Ennius. Avec eau-forte de Léopold Flameng. Achille Faure éditeur.

Gérard de Nerval. Avec eau-forte de G. Staal. Bachelin-Deflorenne éditeur.

Histoire anecdotique des Barrières de Paris. Avec eaux-fortes d'Émile Théroud. E. Dentu éditeur.

Mémoires d'une Honnête Fille. Avec eau-forte de G. Staal. Achille Faure éditeur. (4ᵉ *édition.*)

Le Grand et le Petit Trottoir. Roman parisien. Achille Faure éditeur.

Henry Murger et la Bohême. Avec eau-forte de G. Staal. Bachelin-Deflorenne éditeur.

Dictionnaire de la Langue Verte. Argots parisiens comparés. E. Dentu éditeur. (2ᵉ *édition entièrement refondue et considérablement augmentée.*)

Les Heures parisiennes. Avec vingt-cinq eaux-fortes d'Émile Bénassit. Librairie Centrale.

Du Pont des Arts au Pont de Kehl. Notes de voyage. A. Faure éditeur.

A la Porte du Paradis. Nouvelles. Achille Faure éditeur.

Les Lions du Jour. Physionomies parisiennes. E. Dentu éditeur.

Les Sonneurs de Sonnets. Étude. Bachelin-Deflorenne éditeur.

Paris. Imp. Poupart-Davyl, 30, rue du Bac.

PHYSIOLOGIE DES CHEMINS DE FER

PAR SIÉBECKER

Un joli volume in-18; prix : 3 fr.

M. Hetzel, éditeur à qui nous devons tant de charmants ouvrages, vient de mettre en vente un petit volume signé Siébecker, dans lequel je trouve un chapitre des plus gracieux à mon adresse. Voici l'article, jugez-en

H. DE CONTY.

L'INSPECTEUR GÉNÉRAL DES HOTELS

Au reste, il existe un moyen de ne pas se faire voler. Un homme s'est constitué le défenseur du voyageur contre les aubergistes.

Ma rencontre avec lui est assez originale pour que je la raconte.

Je voyageais en Hollande. C'était le matin; j'étais à déjeuner dans le seul hôtel convenable d'une petite ville que je ne veux pas nommer.

Tout avait ce caractère de scrupuleuse propreté qui distingue le Néerlandais. — Mais ma nuit avait été atroce.

Des camarades de lit d'une voracité terrible!

Tout à coup un va-et-vient extraordinaire a lieu dans la salle dans laquelle je prenais mon repas. La maîtresse de la maison avait aperçu quelque chose dans la rue. Le patron courait de tous côtés donnant des ordres. Les servantes se bousculaient; enfin la porte s'ouvre, un homme très-jeune entre. Tout le monde va au-devant de lui. Il reçoit ces hommages avec un calme plein de dignité et comme quelque chose qui lui est dû.

— Un prince voyageant incognito, me dis-je, et pourtant je connais cette tête-là!

Quand il en a fini avec toutes les salutations, il s'écrie :

— Ah ça! qu'est-ce que j'apprends? Il y a des punaises à ce qu'il paraît ici?

Tout le monde baisse les yeux, rougit, et moi je me gratte.

— Il faut que cela disparaisse. — Je repasse dans huit jours. — S'il en reste une seule, je ferme la maison. En attendant (et il fouille dans une petite sacoche qu'il porte en bandoulière), voilà trente boîtes d'insecticide que je vous donne. Mais faites attention à ce que je vous dis. — Si je rencontre une punaise à mon retour, biffé du *Guide!* Je ne veux pas que mon voyageur soit dévoré.

— Monsieur de Conty, soyez persuadé… répond l'hôtelier.

A ce nom je me lève. Conty avait été mon camarade de collège, et il y avait quinze ans que je ne l'avais vu.

Nous voilà installés à la même table.

— Mais, lui dis-je, comment se fait-il que te quittant futur magistrat, je te retrouve dressant des réquisitoires contre les petits parasites du royaume des Pays-Bas?

L'amour du droit, me répondit-il, n'empêche pas l'horreur des punaises. Je suis avocat, mais voyageur avant tout. Or, j'ai été criblé et dévoré comme pas un. J'ai juré de faire cesser ces abus dans toute l'Europe, et j'ai fait les *Guides* qui portent mon nom. As-tu un **Guide Conty?**

— Non.

— Tiens, en voilà un: celui de *Belgique et Hollande*. Tu te présentes, de ma part, avec ce petit livre à la main dans l'une des maisons que je recommande. Tout le monde est sur le pont, et le roi ne sera pas mieux traité que toi. Tu ne payes que le prix indiqué, pas un sou de plus ni de moins.

— Mais d'où vient ta puissance?

— Ah! voilà! Ouvre la petite poche qui est dans l'épaisseur de la couverture; vois ce petit livre rose. Regarde: « Prière, à la fin du voyage, renvoyer ce livret à l'adresse de M. de Conty après avoir eu soin de le remplir. — Lis:

Erreurs signalées dans le Guide.
Maisons dont je n'ai eu qu'à me louer.
Maisons laissant à désirer.
Maisons dont j'ai eu à me plaindre.
Préciser les faits.

Lorsqu'une plainte légère m'est arrivée sur un hôtel, je donne un avertissement. Si cela se renouvelle, je biffe la maison de mes *Guides*. Si la plainte est grande, je la signale comme dangereuse!

Je compris la puissance que Conty devait avoir partout où il se présentait.

Voyageurs, vous êtes prévenus,

Ne voyagez jamais sans les GUIDES CONTY

SIÉBECKER

TABLE D'HOTE DU COMMERCE
MAISON BLOND

17, Faubourg Montmartre, 17

PRÈS DU BOULEVARD — EN FACE LA RUE BERGÈRE — PRÈS DU BOULEVARD

DÉJEUNERS DE FAMILLE	DÎNERS DE FAMILLE
de 10 h. à 1 h. : 1 fr. 30	de 5 h. à 8 h. : 1 fr. 90

La MAISON BLOND, qui a résolu le véritable problème de la vie à bon marché, se recommande à toutes les bourses par sa cuisine de famille et ses prix modérés.

TABLE D'HOTE DU COMMERCE
MAISON BLOND
17, FAUBOURG MONTMARTRE, 17

Près du boulevard Montmartre

DÉJEUNERS DE FAMILLE	DINERS DE FAMILLE
1 fr. 30	1 fr. 00
de 10 h. à 1 h. soir	de 5 h. à 8 h. soir

La Maison BLOND, connue pour sa cuisine de famille et ses prix modérés, se recommande d'une manière toute spéciale aux Étrangers.

NOUVELLE COLLECTION A 1 FR.

La France travestie, ou la Géographie apprise en riant.
Arnoult (E. d'). La Guerre de Pologne.
— Les Brigands de Rome.
Barbara (Ch.). Histoires émouvantes.
Billaudel (E.). Histoire d'un trésor.
— La Mare aux oies.
Blanc (C.). Jeanne de Valbelle.
Bussy (C. de). Dictionnaire d'éducation.
Cendrey (C. de). Nathan-Todd.
— Bill-Biddon.
Chalière (L.). Ingenio.
Claretie (J.). Les Ornières de la vie.
Cortambert (R.). Impressions d'un Japonais en France.
Dauriac (P.). La Télégraphie électrique.
Diderot. Le Neveu de Rameau.
Dusolier (A.). Nos Gens de lettres.
Genouillac (G. de). Comment on tue les femmes.
Granger (E.). Fables nouvelles.
Graux. Le Roman d'un zouave.
Kock (Henry de). L'Amour bossu.
— La Nouvelle Manon.
— Guide de l'Amoureux à Paris.
— Les Mémoires d'un cabotin.
Kock (Henry de). Les Petites Chattes de ces messieurs.
— La Voleuse d'amour.
— Les Accapareuses.
Lacretelle (H. de). Le Colonel Jean.
Léo (André). Jacques Galéron.
Marancour (de). Rien ne va plus.
Milès (Jules). La Vallée du Chéliff.
Noir (L.). Souvenirs d'un zouave.
— Montebello, etc. 1 vol.
— Magenta. 1 vol.
— Solférino. 1 vol.
— Campagne du Mexique. 2 vol.
Ollivier (R.). Séduction.
Paul (A.). Les Finesses de d'Argenson.
— Nicette.
— Thérésa.
— Un Anglais amoureux.
Paya (Ch.). Les Cachots du Pape.
Pic (U.). Lettres gauloises.
Poupin (V.). Un Mariage entre mille.
— Un Bal à l'Opéra.
Rattazzi (Mme). Les Soirées d'Aix-les-Bains.
Réal (A.). Les Francs-Routiers.
— Les Tablettes d'un forçat.
Révoil (Bénédict-Henry). Un Cœur pour deux.
Rigaudière (de la). Histoire des persécutions religieuses.

COLLECTION A 3 FR. LE VOLUME

ANONYMES. Souvenirs intimes d'une Dame du Lac.
— A travers les portes.
— Mémoires d'une biche anglaise.
— Une autre biche anglaise.
— Mémoires d'une honnête fille.
— Mémoires d'une biche russe.
— Voyage à la lune.
AMEZEUIL (Cte D'). Les Amours de contrebande.
ASSOLLANT (A.). Mémoires de Gaston Phœbus.
AUDOUARD (Mme O.). Un Mari mystifié.
BARBEY D'AUREVILLY. Un Prêtre marié. 2 vol.
— Une Vieille Maîtresse.
BARNUM. Les Blagues de l'univers.
BELOT ET **E. DAUDET.** La Vénus de Gordes.
BLANQUET (R.). La Cuisinière des Ménages.
BOSQUET (E.). Une Femme bien élevée.
BRÉHAT (DE). Un Mariage d'inclination.
— La Sorcière noire.
BRIDE (C.). L'Amateur photographe.
BROT (A.). La Cousine du roi.
CATHERINEAU. Le Paramaribo.
CAUVIN (J.) Les Proscrits de 93.
CHAMPFLEURY. Ma tante Péronne.
CIMINO. Les Conjurés. 2 vol.
CLARETIE (J.). Un Assassin.
— Voyages d'un Parisien.
COMETTANT. L'Amérique telle qu'elle est.
— Un Petit Rien tout neuf.
— En Vacances.
DASH (C^{esse}). Le Chien qui sème des perles.
DELVAU. Le Grand et le Petit Trottoir.
— Du pont des Arts au pont de Kehl.
— Le Fumier d'Ennius.
— A la porte du Paradis.
DEMMIN (A.). Une Vengeance par le mariage.
DESLYS (C.). Les Bottes vernies de Cendrillon.
DUBOYS (JEAN). La Combes noire.
ÉNAULT (E.). Scènes dramatiques du mariage.
— L'Homme de minuit.

EYMA (X.). La Mansarde de Rose.
FÉVAL (P.) Les Mystères de Londres. 2 vol.
— L'homme de fer.
GAGNEUR (L.-M.). Le Calvaire des femmes.
GONZALÈS. Les Sabotiers de la forêt Noire.
— Les Sept Baisers de Buckingham.
— Le Vengeur du mari.
GOUDAL (L.). L'Hermine de village.
GRAVILLON (A. DE) A propos de bottes. 1 vol. in-8.
HALT (R.). Une Cure du docteur Pontalais.
HEILLY (GEORGES D'). Les Morts royales.
HERZ (H.). Mes Voyages en Amérique.
HOCQUART (E.). La Tenue des livres pratique.
— Le Vétérinaire pratique.
JANIN (JULES). Circé.
JOLIET (C.). Le Médecin des dames.
— Le Roman de deux jeunes mariés.
— Une Reine de petite ville.
— Romans microscopiques.
KOCK (HENRY DE). Le Roman d'une femme pâle.
— Le Marchand de Curiosités.
LÉO (ANDRÉ). Un Mariage scandaleux.
— Les Deux Filles de M. Plichon.
LÉO LESPÈS (TIMOTHÉE TRIMM). Avant de souffler sa bougie.
— Spectacles vus de ma fenêtre.
LEROY BEAULIEU. Une Troupe de Comédiens.
LESCURE (M. DE). Les Amours de François Iᵉʳ.
— Lord Byron.
MARANCOUR (DE). Confessions d'un commis voyageur.
MARX (ADRIEN). Romans du wagon.
— Indiscrétions parisiennes.
MÉRAT (ALBERT). Les Chimères.
MIE D'AGHONNE. Le Mariage d'Annette.
MOLÉRI. L'Amour et la Musique.
— La Terre promise.
MONOT. De L'Industrie des Nourrices. In-8º.
MONSELET (CH.). De Montmartre à Séville.
— Portraits après décès.
MONTEMERLI (Cᵗᵉˢˢᵉ). Entre deux Femmes.
NOIRIT (J.). Haydée.
PÉRIER (C.). La Grève des amoureux.

PONSON DU TERRAIL. La Trompette de la Bérésina.
POUPIN (V.). Un Chevalier d'amour.
POURRAT. Vercingétorix.
PRUDHOMME SULLY. Stances et poëmes.
RAMBAUD (Y.) Les théâtres en robe de chambre.
— Une Parvenue.
RAZOUA. Souvenirs d'un spahis.
REYNOLDS. Les Mystères de la cour de Londres.
— 2e partie, Fernanda.
— 3e partie, Octavio.
— 4e partie, Eleanor.
ROSSIGNOL (L). Lettres d'un mauvais jeune homme à sa Nini.
ROUSSELON. Le Jardinier pratique.
SAUVESTRE (Ch.). Les Congrégations religieuses.
SCHOLL (A.). Les Cris de paon.
SÉGALAS (Mme A.). Les Mystères de la maison.
STAPLEAUX. Le Roman d'un fils.
— Le Château de la rage.
THÉNESOL (A.). Didier.
THOUZERY (P.). La Femme au XIXe siècle.
TOUROUDE (A.). Messieurs les Cerfs.
VALLÈS (J.). Les Réfractaires.
— La Rue.
— Les Aventuriers de la Seine.
VERNEUIL (de). Les Petits Péchés d'une grande dame.
VIAL (A.-A.). Aventures du Nouveau Monde.
VIGNEAU. Une Fortune littéraire.
WAILLY (J. de). La Vierge folle.
— Mémoires d'un homme à bonnes fortunes.
ZACCONE (P.). Histoire anecdotique de la poste.
ZOLA (Émile). Mes Haines.
— Le Vœu d'une morte.

DERNIÈRES PUBLICATIONS

Bonnau (F.). Les Amours d'un athée.
Gagneur (M.-L.). Les Réprouvées.
Joliet (C). Les Pseudonymes du jour.
Chenot (L). Gabrielle de Saint-Fergeux.
Neilly (G. D') Cotillon III.
Dusolier (A.). Propos littéraires.
Poulet (A.). Les premières rimes.
Sorr (A. de) Les grands jours de Monsieur Baudry.
Léo Lespès. Promenades dans Paris.
G. Claudin. Paris.

Aspect général du Boulevard Montmartre au moment de la mise en vente du Petit Journal

Venez dîner une fois chez moi, et je vous garantis que vous y viendrez toujours.

MAISON BLOND

17, FAUBOURG MONTMARTRE, 17

PARIS

ITINÉRAIRES PRATIQUES & CIRCULAIRES

GUIDES-CONTY

ne voyagez pas
sans les
GUIDES CONTY
IMPOSSIBLE
AVEC CES GUIDES
D'ÊTRE EMBARRASSÉ
2 fr. 50 En vente partout 2 fr. 50

EXTRAIT DE LA COLLECTION

Paris en poche....	4 »	La Hollande.......	2 50
Les Plaisirs de Paris.............	4 »	Quinze jours sur le Rhin............	2 50
Paris populaire....	2 50	Belgique en poche.	2 50
Les bords du Rhin..	5 »	L'Oberland........	2 50
Londres en poche..	4 »	Suisse et Grand Duché de Bade.....	2 50
Bruxelles..........	3 »		
Les côtes de Normandie..........	2 50	Suisse française...	2 50
		Alsace et Vosges..	2 50

Les GUIDES CONTY, essentiellement pratiques, sont les seuls qui correspondent à l'itinéraire tracé par les billets circulaires. Clairs et précis, ils résument tout, malgré leur prix minime de 2 fr. 50 c.

IMPOSSIBLE AVEC CES GUIDES D'ÊTRE EMBARRASSÉ

LES PLAISIRS DE PARIS

GUIDE PRATIQUE

ET

ILLUSTRÉ

PAR ALFRED DELVAU

PARIS
ACHILLE FAURE, LIBRAIRE-ÉDITEUR
18, RUE DAUPHINE, 18

—

1867

Tous droits réservés

A M. DE CONTY

AUTEUR DES GUIDES PRATIQUES

Monsieur,

Vous voulez bien me demander un volume qui serait intitulé LES PLAISIRS DE PARIS *et contiendrait l'indication complète et raisonnée de toutes les choses folâtres qui constituent la* great attraction *de la capitale de l'univers.*

C'est me demander l'impossible : je vais le tenter. Tant pis pour vous et pour moi!

ALFRED DELVAU.

Janvier 1867.

LES PLAISIRS

—

Qu'est-ce que le plaisir? Le plaisir ne se définit pas plus que l'amour, pas plus que le vin, pas plus que la musique; cela se sent, cela se boit, cela se ressent : on s'en grise, comme les abeilles se grisent de rosée et les papillons de parfums. M. de la Palisse dirait : « Le plaisir est l'art de s'amuser ; et M. Prudhomme ajouterait : « Sans ruiner son estomac, son cœur et sa bourse. »

Si le plaisir est d'une nature si complexe et d'une définition si ardue, que doivent être alors *les Plaisirs de Paris !* Livre charmant, livre adorable, mais livre impossible, ou tout au moins difficile! On peut tout dire de Paris, excepté que c'est une ville ennuyeuse. C'est, au contraire, la ville du plaisir et des plaisirs par excellence; nulle part ailleurs on ne s'y amuse autant et d'autant de façons, et quiconque n'y trouve pas de distractions est un homme qui ne sait pas chercher. »

Au seuil de Paris flamboie, en lettres magiques hautes d'un mètre, l'enseigne qu'a placée Rabelais au fronton de son immortel monument : VIVEZ JOYEUX! Pour la lire avec fruit, il suffit d'avoir des lunettes d'or — ou seulement d'argent. Avec ces lunettes-là on voit tout, on déchiffre tout, on devine tout, — même les choses les plus mystérieuses, même les énigmes les plus cachées. Et Paris en regorge, de ces aimables devinettes, — à ce point de fatiguer les plus infatigables des Œdipes et de rassasier le plus insatiable des gourmands. Ah! l'adorable — et délicate — histoire que celle des plaisirs parisiens! Ah! l'enivrante et perfide litanie des écueils de velours sur lesquels viennent échouer les plus sages comme les plus fous, les plus froids comme les plus extravagants, les plus vertueux comme les plus téméraires!

Dès le premier pas fait hors du débarcadère sur l'asphalte des boulevards, on entend la voix charmeresse des Fées parisiennes chanter: *Voilà l'plaisir, messieurs! voilà l'plaisir!* Et cette voix, il faut bien l'entendre, — à moins d'avoir du coton dans les oreilles; elle s'insinue doucement jusqu'au cœur, qu'elle chatouille et remue en ses plus intimes profondeurs.

Allons! pas de fausse honte ni de rougeur ridicule, et suivez-moi pour visiter dans ses détails les plus intimes, les plus secrets même, le Labyrinthe parisien, — où rôdent tant de Minotaures à face de sirène et à croupe de chimère. Soit! Ariane — à barbe — je serai. Tant pis pour ceux qui s'égareront à ma suite et se feront dévorer en ma compagnie. Je ne réponds ni des avaries, — ni de la *casse!*

Alfred Delvau.

I

L'INDISPENSABLE

ARRIVÉE A PARIS

« On ne donne rien si libéralement que des conseils. » C'est en effet la seule libéralité que j'aie le droit de me permettre envers vous, monsieur et cher étranger — ou provincial : je vais vous donner quelques conseils préliminaires.

Vous êtes enfin arrivé dans le Chanaan de vos rêves ; vous avez enfin mis le pied dans la Terre promise à tous vos appétits d'homme ennuyé qui veut se distraire, à tous vos caprices d'écolier échappé qui veut s'amuser, à toutes vos fantaisies d'esclave conjugal qui veut s'émanciper; vous êtes à Paris!

Je n'ai pas à vous guider dans le choix d'un hôtel. Un cicérone obligeant et compétent, *M. de Conty*, — auquel je vous renverrai souvent dans les cas graves, — s'est chargé de ce soin délicat : consultez ses deux petits volumes spéciaux et excellemment pratiques, *Paris en poche* et *Paris populaire*, vous y trouverez tous les renseignements dont vous pouvez avoir besoin, au point de vue des indications et des dépenses.

Je vous suppose installé à votre guise et servi à vos souhaits, et je viens causer avec vous, familièrement, comme l'on cause entre voyageurs, de l'existence nouvelle que vous êtes décidé à mener pendant une semaine ou pendant un mois.

Un courtisan, pour vous plaire — et vous tromper, — vous dirait : « Allez maintenant! vous êtes habillé et armé comme on doit l'être, à la dernière mode et du meilleur esprit. » Moi, qui suis trop Parisien pour croire à la possibilité de la décentralisation, surtout d'une certaine décentralisation, j'ai la hardiesse de vous arrêter sur le seuil même de votre hôtel et de vous dire : « Un instant! Déprovincialisez-vous avant de vous emparisienner!... » Car on peut avoir toutes les vertus, toutes les qualités du cœur et de l'esprit, et ne posséder aucune de celles qui sont le plus appréciées ici et qui y sont indispensables comme l'huile aux meilleurs ressorts. Il fallait être le prince de Ligne, ou Brummel, pour rapporter de Vienne, ou de Londres, à Paris la suprême élégance que tant de gens y viennent ordinairement chercher, parce que c'est dans cette serre-chaude seule que pousse, se développe et s'épanouit cette plante qui ne s'acclimate nulle part ailleurs, — même là où elle est arrosée de plus de jus de dollars et de guinées. S'il faut hurler avec les loups, il faut bien plus encore cabrioler avec les singes, — et nous sommes un peuple essentiellement simiesque : transformez-vous donc des pieds à la tête, en dehors et en dedans, revêtez la peau obligatoire et apprenez la langue à la mode, — quitte, à votre départ, à jeter l'une et l'autre à la borne. A cette condition — mais seulement à cette condition — vous pourrez circuler tranquillement dans les rues et dans les salons de Paris, sans passer pour une curiosité.

DU CHOIX D'UN TAILLEUR

Quoiqu'on se paye volontiers d'apparences, à Paris, et que les myopes ne fassent pas grande différence entre un homme bien mis et un homme vraiment élégant, le mieux est encore de se faire habiller par le tailleur en réputation, — celui qui a l'honneur de fournir les petits messieurs de la petite noblesse, les gentilshommes du club et du turf, les bâtards de La Palférine, de Rastignac et de Félix de Vandenesse.

Quel artiste tient la corde vestimentaire? Est-ce Humann-Kerkoff, Renard, Dusautoy, ou Pomadère? Je ne saurais me prononcer là-dessus sans impertinence : consultez votre goût et les chroniques de modes. Il est de ces renseignements qu'on ne demande à personne qu'à soi-même. Ce que je peux vous garantir, c'est que lorsque vous aurez un veston et un pantalon sortis des ateliers d'un bon faiseur, et, avec cela, un col cassé d'un bon chemisier, un chapeau de chez Delion, des bottes d'un bon Sakowski, des gants d'un bon Jouvin, vous serez mis dans *le dernier chic*.

Go ahead! Auparavant, cependant, comme il ne suffit pas de savoir s'habiller et qu'il faut encore savoir parler, il est prudent d'apprendre au plus tôt la langue à la mode, qui est :

LA LANGUE VERTE (1)

C'est non-seulement la langue à la mode, mais c'est encore le seul français que parlent aujourd'hui certains Pari-

---

(1) V. *Dictionnaire de la langue verte*, 2º édition, un gros volume de plus de 500 pages sur 2 colonnes. E. Dentu, éditeur, Palais-Royal, galerie d'Orléans.

siens, et qu'il faut nécessairement apprendre lorsqu'on veut les comprendre et qu'on tient à être compris d'eux. Dans l'Inde moderne il n'y a plus que les savants et vertueux brahmines qui entendent le sanscrit : le reste de la nation parle tout bonnement le pracrit, — une langue vulgaire, mais intelligible.

Le français est notre sanscrit et l'argot notre pracrit. Les académiciens seuls persistent à écrire dans la première de ces langues, — qui est une langue morte, — tandis que tout le monde à Paris se sert de la seconde, qui est plus en harmonie avec les mœurs modernes. *La Langue verte* est une langue vivante, grouillante, brutale, impitoyable, féroce, renfermant une ménagerie de tropes audacieux et ricaneurs, une cohue de mots sans racine dans n'importe quelle autre langue, sans aucune étymologie, même lointaine, qui semblent crachés par quelque bouche impure en veine de néologismes, et recueillis par des oreilles badaudes; mais aussi, quoi qu'on dise et qu'on fasse, pleine d'expressions pittoresques, de métaphores heureuses, d'images justes, et de mots bien bâtis et bien portants.

J'éprouverais quelque embarras à parler de la poudre si je l'avais inventée; mais, étant venu trop tard pour cela, — ainsi que beaucoup de mes contemporains, du reste, — j'ai eu, il y a quelques années, l'idée d'inventer autre chose, qui fît du tapage dans le monde, et la *Langue verte* fut !

Maintenant, pourquoi la *Langue verte* et non la *Langue*

bleue? Ah! voilà! Il en est de certains mots comme de cette plante dont le grammairien Richelet raconte si plaisamment l'histoire : « J'ai consulté plusieurs grainetiers et plusieurs herboristes fameux, ils m'ont tous dit qu'ils ne savaient ce que c'était que la *touselle*. Là-dessus j'ai vu le célèbre monsieur de La Fontaine, à qui, après les premiers compliments, j'ai dit : — *Vous vous êtes servi du mot de touselle dans vos Contes, et qu'est-ce que touselle?* — *Par Apollon! je n'en sais rien, rien*, m'a-t-il répondu, *mais je crois que c'est une herbe qui vient en Touraine, car messire François Rabelais, de qui j'ai emprunté ce mot, était, à ce que je pense, tourangeau. Si je connais jamais quelque habile homme de Touraine, je m'instruirai de la touselle, je la décrirai et en dirai les propriétés.* » *Langue verte* ou *Langue bleue*, c'est la touselle à la mode, et je ne me doutais guère, en l'inventant, qu'elle le deviendrait si vite. Il est bien entendu que les éléments de cette langue bizarre, si universellement adoptée aujourd'hui, existaient déjà quelque part, comme existaient, avant l'invention de Berthold Schwarz, le charbon, le soufre et le salpêtre qui constituent les éléments de la poudre à canon. En me promenant en tous lieux — bons et mauvais, — j'avais écouté comme nous écoutons tous, nous autres, qui avons toutes les curiosités, et, tout en écoutant, je retenais, comme nous retenons toutes les choses pittoresques; avec ce qu'on retient ainsi chaque jour on peut faire, au bout de l'année, deux ou trois volumes plus ou moins intéressants : j'ai eu la modération de n'en faire qu'un seul, très-gros à la vérité, que j'ai intitulé *Dictionnaire de la Langue verte*, afin de lui donner un nom quelconque.

Ce Dictionnaire est malheureusement indispensable aux provinciaux et aux étrangers qui viennent à Paris pour y parachever leurs études — attrayantes. Je ne le recommande pas, je constate seulement son indispensabilité, — en rougissant toutefois comme parrain, comme écrivain et comme Français. Les paroles volent et les dictionnaires restent : peut-être que si je n'avais pas prêté ainsi un corps aux aberrations d'imagination et aux extravagances d'esprit de certaines classes de la société parisienne, il n'en serait rien resté d'ici à quelques années, tandis que désormais...

Ah ! le bon scrupule qu'a La Châtre ! L'argot avait bien besoin de moi, vraiment, aujourd'hui qu'il a tout envahi et tout submergé de son limon, depuis l'atelier de l'ouvrier jusqu'au boudoir de la drôlesse, depuis la rue jusqu'au théâtre, depuis le divan jusqu'à l'école ! Elle peut bien se passer de Dictionnaire, cette langue étrange que l'enfant sait parler aussi couramment que le vieillard

Il faut donc, monsieur et cher étranger, l'apprendre au plus vite, si vous ne voulez pas vous heurter à chaque pas à des obscurités déplorables et à des confusions désastreuses. C'est le flambeau qu'il vous faut avoir pour vous guider à travers les méandres des catacombes parisiennes.

L'EMPLOI DE LA JOURNÉE.

Ce ne sont pas les occupations aimables qui manquent, à Paris, ce sont les heures nécessaires pour les effleurer seulement toutes. Puisqu'ailleurs, dans les pays où l'on s'ennuie, les journées sont si longues, l'horloger céleste devrait bien alors les raccourcir d'une bonne moitié qu'il mettrait, en guise de rallonge, au cadran parisien : les habitants des pays où l'on s'ennuie en seraient contents, et les habitants de la seule ville où l'on s'amuse n'en seraient pas fâchés.

Pour remplir les vingt-quatre heures de la journée, à Paris, on a — sans compter le sommeil ou son substitut :

Les plaisirs sérieux, — c'est-à-dire, les musées, les bibliothèques, les visites aux monuments curieux, et aux établissements intéressants, les séances à l'Académie ou du Corps législatif, les conférences, les théâtres où l'on joue la tragédie ou la comédie en vers, les cours de langues orientales, etc., etc. Ces plaisirs-là en valent bien d'autres, assurément, en ce qu'ils sont honnêtes, hygiéniques et calmes; mais je crois qu'on leur préférera toujours les autres plaisirs, qui sont : les bals, les restaurants, les cafés, les concerts, les courses, le canotage, les petits théâtres, les petits soupers, les petites voitures, les petites dames, les petits journaux, — toutes sortes de petites choses à propos desquelles les prédicateurs et les moralistes vertueux de tous les temps se sont évertués et enroués à crier, et qui sont purement et simplement les roses dont les gens qui entendent bien la vie doivent faire leur matelas.

C'est sur ce matelas que je vais m'étendre plus complaisamment que je ne l'ai fait à propos du matelas de crin, qui s'appelle *les plaisirs sérieux*, — pour lesquels je vous renvoie de nouveau aux *Guides Conty*.

Vue générale des boulevards de Paris.

II

PROMENADES

LES BOULEVARDS

Toutes les grandes villes ont leur Promenade spéciale, qui s'appelle tantôt d'un nom, tantôt d'un autre, — *cours, rempart, avenue,* — mais qui est toujours un boulevard, c'est-à-dire un lieu peuplé d'arbres verts et de femmes souriantes. Je n'ai pas à m'occuper ici des boulevards célèbres dans l'Univers, du *Graben* de Vienne, du *Bois* de La Haye, des *Tilleuls* de Berlin, de la *Perspective* de Saint-Pétersbourg, puisque je ne fais ni l'histoire de Saint-Pétersbourg, ni l'histoire de Berlin, ni l'histoire de Vienne, ni l'histoire de la Haye ; je n'ai à parler que des boulevards parisiens, puisque je fais l'histoire de Paris.

Les boulevards de Paris sont d'ailleurs les plus fameux d'entre les plus célèbres, et leur réputation n'est pas usurpée. On chercherait en vain, dans n'importe quelle partie du monde, rien qui eût, je ne dis pas seulement leur aspect pittoresque, mais encore leur signification morale. Tout village a sa grande rue ; les boulevards sont la grande rue de Paris, — ce gigantesque village bâti de chaumières en pierres de taille. C'est l'artère principale, ou plutôt le cœur même de Paris, lançant la vie et la recevant tour à tour dans un éternel circulus qui épouvante autant qu'il émerveille. Supprimer les boulevards, ce serait décapiter Paris, ce serait faire le désert où il y a la foule, le silence où il y a le tumulte, les ténèbres où il y a le soleil. Les boulevards ne sont pas seulement le cœur et la tête de Paris, ils sont encore l'âme du monde. Paris sans boulevards, ce serait l'univers en deuil.

Je n'exagère pas, je constate. Le poids de la France dans la balance de l'Europe n'était pas le même autrefois qu'aujourd'hui. La vie publique n'a commencé vraiment chez nous qu'au milieu du dix-septième siècle, avec les boulevards : notre importance politique et notre suprématie intellectuelle ne datent que de là. L'ère des boulevards a été l'ère des victoires et des conquêtes, — pacifiques et militaires. Jamais, avant la création des boulevards, nous n'eussions pu avoir l'Alsace, la Franche-Comté et les Flandres ; jamais le drapeau blanc fleurdelisé d'or et, plus tard, le drapeau tricolore n'eussent pu flotter triomphants au-dessus de toutes les capitales rivales. Sans les boulevards, la France de Louis XIV et de

Napoléon n'existerait pas encore, et Paris ne serait qu'une ville de vingt-cinquième ordre, une sorte de Brives-la-Gaillarde, — sans gaillardise, — au lieu d'être la première ville du globe; la Béotie au lieu d'être l'Attique.

Pour s'en convaincre, il suffit de parcourir cette vaste avenue, bordée d'arbres et de luxueuses maisons, qui s'étend de la Madeleine à la Bastille, et d'interroger des yeux les flots ondoyants et divers qui y roulent sans fin ni trêve dans une agitation, dans un affairement, dans une fièvre pleine d'enseignements pour le moraliste et de renseignements pour le curieux. D'où viennent, où vont ces flots humains, clairs et céruléens en dessus, fangeux en dessous? Quelle main invisible fait mouvoir les ficelles de ces jolis petits pantins et de ces jolies poupées, petits messieurs noirs et petites dames roses? On le devine quand on sait écouter et regarder : on l'ignorera toujours quand on passera, sans voir ni entendre, au milieu de cette foule bariolée que mènent et surmènent les passions.

Madame de Staël, en face du lac Léman, regrettait son cher ruisseau de la rue du Bac. Je ne sais pas pourquoi, pendant qu'elle y était, cette dame de lettres à turban, elle ne regrettait pas plutôt son cher boulevard de la Madeleine ou son cher boulevard des Italiens : ils en valaient bien plus la peine.

A quelque heure qu'on s'y promène, on est assuré d'avoir les yeux égayés et l'esprit réjoui par une infinie variété de spectacles. C'est un kaléidoscope où les objets et les personnages, diversement, mais toujours pittoresquement colorés, changent à chaque pas et à chaque instant. Toute la société parisienne y a ses représentants, depuis la duchesse jusqu'à la cocotte, depuis l'artiste jusqu'au cocodès, depuis l'homme de lettres jusqu'au boursier, depuis le rentier jusqu'au voyou, depuis le mendiant jusqu'au bourgeois, depuis l'ouvrier jusqu'à l'oisif, depuis Turcaret jusqu'à M. Prudhomme. Ah! vous avez de quoi vous occuper, et il y a de quoi vous donner à réfléchir, non pas pendant une journée, non pas pendant une semaine, non pas pendant un mois, non pas pendant une année seulement, mais pendant toute votre vie, —fussiez-vous destiné à mourir centenaire!

Vous mourrez peut-être à cent ans, mais vous n'avez qu'une semaine ou deux à consacrer à vos vacances parisiennes, il faut qu'en quinze jours, trente au plus, vous ayez vu tout ce qu'il y a à voir, non-seulement sur les boulevards, mais encore ailleurs. Je comprends cela et ne saurais vous blâmer de votre prétention. Servez-vous donc au plus vite et au mieux de vos deux yeux, s'ils sont bons, — sans oublier les indispensables lunettes d'or ou d'argent dont je vous ai recommandé l'emploi dès la première ligne de ce petit livre : avec ces lunettes magiques-là, on voit tout et très-vite.

C'est donc pour économiser votre temps que, tout en

vous indiquant le spectacle des boulevards, comme le premier à vous offrir en récréation, je prends la liberté de vous indiquer aussi l'heure à laquelle ce spectacle est le plus curieux. C'est depuis deux heures de l'après-midi jusqu'à six, et de neuf heures du soir jusqu'au delà de minuit.

A partir de deux heures, en effet, les deux larges trottoirs de droite et de gauche sont littéralement encombrés de promeneurs et de promeneuses, de bottes vernies et de bottines à talons qui s'entrecroisent, s'enlacent, se recherchent, s'évitent avec une adresse, avec un aplomb, avec une ardeur, avec une passion dont rougirait certainement une nonne, mais dont sourient volontiers les philosophes, spectateurs désintéressés de la comédie parisienne, — qui n'est autre chose, après tout, que *la Comédie humaine* de Balzac, à croire tantôt que ce grand écrivain a peint tous ses types d'après nature, tantôt que tous les types que nous rencontrons aujourd'hui se sont formés à l'image des siens. Tenez, voilà Esther envoyant son sourire de pitié à madame de Restaud, qui lui rend un sourire de dédain; voilà madame Marneffe, Coralie, la vicomtesse de Beauséant, la marquise d'Espars; voilà Maxime de Trailles, voilà Bianchon, voilà la Palférine, voilà Bixiou, voilà Lucien de Rubempré, voilà d'Ajuda-Pinto, voilà Vautrin, voilà Mistigri, — les voilà toutes et tous! Saluez ces galants hommes en quête de galantes aventures, et ces drôlesses en quête de riches proies. La chasse est peut-être fermée dans le département de la Seine ; mais là, sur le boulevard, elle est toujours ouverte, — et le gibier n'y manque jamais. Prenez garde, monsieur et cher étranger, prenez garde ! les petites dames blanches vous regardent : vos lunettes d'or les *font loucher*...

Et vers six heures donc ! Tout le quartier Bréda est descendu en grande toilette de combat, et on le voit manœuvrer ses jolis petits bataillons de Vésuviennes avec une aisance, une désinvolture, un *chic* qui prouvent qu'on n'inscrit pas de conscrites sur les contrôles de ce régiment-là. C'est l'instant décisif où elles font jouer toute leur aimable artillerie de sourires, de regards en coulisse, d'effets de jambe, — de toutes sortes d'effets enfin : il s'agit de dîner et de ramasser, sans se baisser, au milieu de cette foule masculine, le *monarque* nécessaire à la satisfaction de cette habitude presque quotidienne.

Et dans la soirée, jusqu'à minuit, — et au delà de minuit même ! quels frous-frous de jupes de soie ! quels craquements de talons de bottines ! Les Andalouses de Goya sont moins affriolantes que ces diaboliques petites Parisiennes des boulevards, qui vous ont dans la démarche, dans le costume, dans la physionomie, un je ne sais quoi de provocant, d'irrésistible ! Ah ! foin des censeurs grognons ! Le bon Dieu a fait les chardons pour les ânes, mais il a fait les fleurs pour les hommes! Les boulevards sont un parterre toujours florescent, hiver comme été : cueillons, mes frères, cueillons, afin de parfumer un peu notre vie, — qui sent parfois si mauvais, l'ennui!

Donc, monsieur et cher étranger, si vous voulez vous offrir ce spectacle amusant et assister à cette descente de la Courtille galante, prenez votre stalle à la porte d'un des nombreux cafés dont le génie de la Spéculation a orné les boulevards, depuis la Madeleine jusqu'à la Bastille, et tout en savourant votre café, ou votre grog, ou votre glace, selon l'heure et la saison, regardez de vos deux yeux, — quitte à essuyer fréquemment le verre de vos lunettes.

LES CHAMPS-ÉLYSÉES.

Après les boulevards, les Champs-Élysées, qui en sont la continuation naturelle, puisqu'on n'a qu'à traverser, pour s'y rendre, la rue Royale et la place de la Concorde.

C'est une promenade aussi variée et aussi agréable que la précédente. Venir à Paris sans voir les Champs-Élysées, c'est aller à Londres sans voir Regent's Park. Depuis un siècle que la Mode les a adoptés pour ses exhi-

Vue générale du panorama de Solférino.

bitions, ils ont subi des transformations inouïes, des transformations telles que Marie de Médicis aurait de la peine à retrouver là son maigre petit Cours-la-Reine de 1616. Mais c'est surtout depuis une vingtaine d'années qu'ils ont le lustre, l'éclat, la splendeur, qui les fait si justement admirer de tous les étrangers, parce que, de-

Cocottes en voiture.

puis vingt ans environ, ils sont le faubourg Saint-Germain de la haute finance, de la haute lionnerie et de l'aristocratie féminine. Partout ailleurs il y a des maisons plus ou moins élégantes, des hôtels plus ou moins somptueux : aux Champs-Élysées, il y a des palais.

D'abord, le palais de l'Élysée, première résidence de l'empereur Napoléon III ; puis le palais Pompéien, dernier séjour du prince Napoléon ; puis le palais de madame de Païva, puis celui du duc de Caumont-Laforce, puis d'autres encore, qui sont semés avec discrétion le long de cette splendide avenue qui complète si bien l'Arc de Triomphe et les Tuileries. Sans oublier le Palais de l'Industrie, notre premier *Cristal Palace*, que va faire négliger un peu le gigantesque palais du Champ de Mars, élevé en l'honneur de l'Exposition universelle de cette année.

Le public des Champs-Élysées, quoique aussi nombreux que celui des boulevards, forme moins foule à cause de sa dispersion dans les allées, contre-allées et avenues adjacentes. Cent mille personnes dans ce large espace compris entre la place de la Concorde et l'Arc de Triomphe d'une part, et, de l'autre, entre le faubourg Saint-Honoré et la Seine, ce n'a l'air de rien, et il faut qu'il y en ait le double, et le triple, et le quadruple, aux jours de fêtes ou de réjouissances, pour qu'on s'aperçoive qu'il y a du monde. Ce n'est vraiment sensible que ces jours-là et pendant les belles soirées d'été, alors que les orchestres des cafés-concerts et des bals voisins s'y font entendre, à la grande joie des amateurs de musique en plein vent. Il faut, en effet, que la température soit clémente pour que les chanteuses de ces cafés-concerts et les ballerines de Mabille et du Château des Fleurs consentent à se décolleter comme elles se décolletent, à la grande satisfaction des amateurs de la beauté plastique.

Par exemple, l'avenue des Champs-Élysées proprement dite est, elle, presque toujours et en toute saison, four-

millante de monde, piétons, cavaliers, équipages. Dans la journée, c'est-à-dire de midi à cinq heures, c'est un va-et-vient étourdissant de la *high life*, — et par *high life* j'entends le demi-monde aussi bien que l'autre, — allant au

Bois. Aller au Bois est une tradition à laquelle on se garderait bien de manquer, tradition aristocratique s'il en fut jamais, qui est d'ailleurs une excellente occasion de montrer ses chevaux ou sa maîtresse quand on est homme, ou d'exhiber ses toilettes et de critiquer celles des autres quand on est femme. Le Bois, c'est le Bois de Boulogne, ordinairement ; mais, pour la plupart des cocottes et des gandins à leur suite, c'est un simple tour de Champs-Élysées, au pas : pour les Parisiennes dont l'amour est la principale et la plus lucrative occupation, il ne faut pas gaspiller le temps ; et s'il est doux de se montrer dans la grande avenue pour y faire des effets de panier, il est plus sûr encore de se montrer sur le boulevard pour y faire des effets de crinoline. Il n'y a que les honnêtes femmes qui aient le droit de promener leur ennui, durant toute l'après-midi, des Champs-Élysées au Bois de Boulogne et du Bois de Boulogne aux Champs-Élysées.

Dans la soirée, le public n'est plus tout à fait le même. Il y a bien encore des équipages, des cavaliers, des amazones, de riches oisifs et de belles oisives qui viennent, après dîner, respirer l'air frais qui tombe des arbres et souffle de la Seine ; mais il y a surtout une population de piétons, dix fois, vingt fois, cent fois plus considérable que celle de la journée. Il y a tant de plaisirs, et de toutes sortes, qui vous y sollicitent ! Les cafés-concerts et les bals dont j'ai déjà parlé, puis le Panorama si intéressant du colonel Langlois, puis le Cirque de l'Impératrice, puis les restaurants discrets, comme le *Moulin-Rouge* et *Ledoyen*; puis d'autres choses encore qu'il est bien plus facile de trouver que d'indiquer.

Ce spectacle multiple vaut la peine qu'on se dérange pour lui. Le meilleur moyen d'en jouir sans trop de fatigues est de s'asseoir sur une chaise, au bord de l'avenue, et de regarder, puis de regarder encore, puis de regarder toujours. C'est amusant!

LE BOIS DE BOULOGNE

C'est le Bois dont il est question dans tant de romans, de comédies et de vaudevilles contemporains. On disait, et alors on en avait plein la bouche : *Je vais au Bois*, comme autrefois : *Nous avons rencontré Madame*. Il ne pouvait y avoir deux bois de Boulogne ni deux duchesses de Berry. Aujourd'hui qu'il y a d'autres bois adoptés par les Parisiens fashionables, on est bien forcé de distinguer entre celui-ci et celui-là quand on veut être compris. Il n'y a vraiment plus que les gandins arriérés qui persistent à dire comme on disait sous la Restauration.

Le Bois de Boulogne donc, puisque c'est de lui qu'il

s'agit, a subi, depuis une douzaine d'années, une transformation complète. De bois qu'il était, avec fourrés épais et mystérieuses allées, comme tous les bois du monde, il

La grande cascade.

est devenu un parc anglais d'une remarquable étendue avec tout le luxe de pittoresque de ces sortes de parcs, pelouses, rivières, lacs et cascades. C'était autrefois l'endroit choisi par les poëtes, pour y rêver à l'aise; par les amoureux, pour s'y aimer sans crainte; par les misanthropes, pour s'y pendre en paix. C'était le bois de Meudon à la porte de Paris.

Aujourd'hui, nous avons changé tout cela. Le Bois de Boulogne a cessé d'être un bois; on lui a coupé sans pitié ses plus belles futaies, qu'on a transformées en bûches chargées de réchauffer les garçons de bureau des ministères; on a tracé, au cordeau, de larges allées à la place des petits sentiers sinueux, ombreux et délicieux que recherchaient avec tant d'empressement, et pour des raisons si différentes, les gens tendres et les gens mélancoliques. On y a même complétement bouleversé le sol, l'exhaussant ici, l'abaissant là, selon les besoins de sa nouvelle destination. Le bon *Ermite de la chaussée d'Antin*, qui fut aussi celui de la Guyane, ne s'y reconnaîtrait pas, mais pas du tout, du tout, et il lui faudrait refaire sa description antédiluvienne.

Si le Bois de Boulogne n'est plus le bois favori des poëtes, des amoureux et des suicides, en revanche il est la promenade privilégiée d'une bonne moitié de Paris, la plus riche, bien entendu. Chaque jour, de deux à quatre heures, l'avenue de l'Impératrice, qui est maintenant l'entrée naturelle, le portique, la préface du Bois de Boulogne, est littéralement encombrée d'équipages et de cavaliers. Je ne voudrais pas affirmer que les princesses qui font bouffer leurs jupes dans ces équipages sont des dames du meilleur monde, et que les cavaliers qui caracolent autour d'elles sont la fleur des pois de la gentilhommerie française. Non! Je sais bien que toutes les jolies femmes sont égales devant nous, et qu'il n'est rien qui ressemble à un gandin comme un autre gandin, — de sorte que le triage est assez difficile. Cependant, à mes risques et périls, j'oserai vous prier, monsieur et cher étranger, de ne pas prendre ces élégants et ces élégantes, pour — ce qu'ils ne sont pas, — mais bien plutôt pour ce qu'ils sont pour la plupart, des faux dandies et des *femmes de manége*.

A dire vrai, c'est toujours le public mêlé d'autrefois, celui qui faisait les modes en faisant la procession de Longchamp, avec cette différence que ce qu'on ne voyait alors là que trois fois par an, — le mercredi, le jeudi et le vendredi de la Semaine Sainte, — se voit aujourd'hui tous les jours de beau soleil ou de belle gelée. Oui, rien n'est changé — que les noms. Voilà La Guimard, *la belle damnée*, dans une voiture découverte, à ses armes parlantes, « des lions éreintés sur fond d'or ». Voilà la Duthé, la *beauté à la mode*. Voilà mademoiselle Raucourt, une tragédienne; mademoiselle Beaupré, une *impure*; voilà mesdemoiselles Adeline et Deschamps, des comédiennes. Des danseuses, des cantatrices, des actrices, des ducs, des comtes, des barons et des chevaliers, — de tous les ordres. Et les voitures, donc! wiskys, carrosses, milords, broughams, paniers-à-salade, etc. ! Il y a de quoi user la patience et les crayons des *peintres !*

Autrefois, la promenade au Bois de Boulogne était un genre, et le pèlerinage à l'abbaye de Longchamp un prétexte. Aujourd'hui, cette promenade est vraiment une promenade, et une des plus hygiéniques qui soient. Une des plus agréables, en outre. Il y a là des distractions et des plaisirs de toutes sortes, depuis le Jardin d'acclimatation, avec son aquarium, jusqu'au Pré-Catelan avec ses concerts. L'hiver, c'est le patinage sur les lacs; à l'automne et au printemps, ce sont les courses de chevaux qui ont lieu sur l'hippodrome de Longchamp; l'été, ce sont les danses et les concerts du Pré-Catelan, — sans oublier les animaux du Jardin d'acclimatation. — En toute saison, ce sont les cabinets particuliers du *Pavillon d'Armenonville* et du *Restaurant de Madrid*. Le *Pavillon d'Armenonville* n'est pas à dédaigner, certainement; il a certainement du bon, malgré les éloges exorbitants que lui a prodigués la petite presse à sa quatrième page ; mais mon humble avis est que le *Restaurant de Madrid* vaut infiniment mieux, et je le crois, d'ailleurs, plus couru que son rival par la haute bicherie parisienne.

Mentionnons pour mémoire l'ancienne maison Pillet, de la porte Maillot.

LES PLAISIRS DE PARIS

La cascade du bois de Vincennes.

LE BOIS DE VINCENNES

C'était un bois comme le précédent, et, comme lui, il a été transformé de fond en comble depuis quelques années. C'est maintenant un parc anglais avec boulingrins, lacs, rivières, cascades, etc. Seulement, il y a entre eux une différence notable, rendue sensible à l'œil le moins observateur, — la différence qu'il y a entre Hyde-Park et Wœrlitz-Garten. Autant l'un est animé, bruyant, étincelant pendant les sept jours de la semaine, autant l'autre est silencieux et désert, excepté le dimanche, où les bourgeois et les ouvriers du faubourg Saint-Antoine y viennent « s'esbaudir et soy rigouller ». Dans la semaine, les seuls promeneurs qu'on y rencontre sont des soldats casernés au fort voisin, et les soldats, cela fait très-bien en rase campagne, l'arme au bras, marchant à la gloire et à la victoire; mais dans un parc anglais, non!

Néanmoins, pour être véridique, je dois dire que ce bois, qui vit naître et mourir le roi Charles V, ne voit pas que des troupiers dans la semaine et des faubouriens le dimanche. A certains jours, annoncés à grand renfort de réclames et d'affiches, ont lieu là, sur l'hippodrome spécial qui y a été ménagé, des courses de chevaux qui y amènent la population ordinaire des courses du Bois de Boulogne, — beaucoup de gandins et encore plus de cocottes. Le spectacle alors devient curieux, parce qu'il est double : en dedans de l'hippodrome, de nombreux équipages sur lesquels cocottes et gandins, installés comme au restaurant, sablent le champagne avec une désinvolture qui peut prêter au crayon de Cham, mais qui manque complétement de goût et de savoir-vivre; autour de l'hippodrome, une foule malveillante qu'indisposent le luxe extravagant de ces drôlesses et l'impertinence outrageante de leurs compagnons. Et le retour, donc, par le faubourg Saint-Antoine! C'est cela qui mérite d'être vu par le flâneur qui veut prendre en dégoût une partie de l'humanité, et en dédain l'autre moitié,...

Je vous engage donc, monsieur et cher étranger, à aller vous promener, au moins une fois, au bois de Vincennes. Les restaurants n'y manquent pas; le plus connu et le plus couru de tous est le *restaurant de la Porte-Jaune*.

LE JARDIN DES TUILERIES

A Paris, les jardins publics, ces autres parcs, pour n'être pas aussi nombreux qu'à Londres, sont tout aussi fréquentés par les promeneurs de toutes les conditions, de tous les âges et de tous les goûts.

Le Jardin des Tuileries est le jardin aristocratique par excellence. Tout le monde y est admis, mais les personnes qui y viennent profiter des premiers rayons de soleil du printemps et des derniers rayons de soleil de l'automne, grandes et petites personnes, sortent d'un arbre généalogique séculaire ou à peine frutescent qui leur donne le droit de se promener sous les marronniers de la grande allée. C'est toujours, comme au temps de Corneille,

« Le pays du beau monde et des galanteries »,

et il y aurait plaisir pour l'historien à faire l'histoire de cet aimable pays-là, — si elle était possible.

Certes, la gazette scandaleuse a moins à glaner aujourd'hui qu'au temps où Renard tenait dans ce jardin sa petite maison de débauche, où le duc de Beaufort et le duc de Candale y venaient tirer l'épée, où les grands seigneurs y venaient *cueillir* des grisettes. Mais tout en ayant moins, cette gazette scandaleuse qui s'imprime et se débite sous le manteau, elle en aurait encore beaucoup. Sachons mettre un cadenas à notre plume.

Tout ce qu'il m'est permis de dire, c'est qu'aux Tuileries comme ailleurs il se noue des intrigues amoureuses qui durent ce que durent les choses de ce genre, l'espace d'une après-midi. Un jardin n'est pas un salon, et les mystérieuses profondeurs des contre-allées sont si favorables aux confidences ! Il tombe une si dangereuse langueur de ces voûtes de verdure, où pépient des myriades de moineaux libertins ! Des regards s'échangent involontairement, les chaises se rapprochent, un gant tombe, ou un mouchoir brodé qui exhale des senteurs apprêtées par Lubin : on ramasse le gant ou le mouchoir, en demandant la faveur de le conserver — comme une relique, — et une femme qui ne refuse pas, dans ces cas délicats, est une femme imprudente ou habile, qui ne sait pas où cette imprudence la mènera, ou qui sait très-bien ce que cette habileté sentimentale lui rapportera. Ah ! les marronniers des Tuileries en ont entendu de ces tendres papotages qui commencent et finissent tous de la même façon ! Et je comprends à merveille que les pierrots de cet aristocratique jardin n'hésitent pas à venir manger dans la main des passants : ils nous méprisent tant, nous autres pauvres hommes que les femmes mènent si facilement par le bout du nez !

Car, avec celui des babies blonds et roses jouant, sautant, courant autour des parterres des Tuileries, c'est un spectacle que je vous recommande et que vous ne trouverez guère que là, monsieur et cher étranger : le déjeuner et le dîner des moineaux francs qui y pullulent. Ils sont là trois ou quatre dompteurs de pierrots, braves gens qui regrettent sans doute de n'avoir pu dompter des lions, qui, de midi à cinq heures, quelque temps qu'il fasse, viennent religieusement donner sa pâture à ce petit peuple ailé auquel la Providence s'est, avant eux, engagée à la donner. Il en vient des douzaines, puis des centaines, puis des milliers de ces moineaux, hardis comme des pages et gouailleurs comme des gamins de Paris — qu'ils sont ; et, avec une patience qu'il faut qualifier d'évangélique, pour n'avoir pas à la qualifier autrement, ces braves dompteurs tendent leurs mains pleines de miettes de pain, qu'ils renouvellent sans cesse grâce à l'abondante provision qu'ils en ont dans leurs poches, et, se vouant de gaieté de cœur à une immobilité presque absolue, ils attendent que les petits voyous emplumés aient mangé jusqu'à la dernière miette, — sans se soucier des torticolis et des rhumes de cerveau que cela peut leur procurer. Étonnants, ces dompteurs de pierrots !

Au cas où ce spectacle et les précédents vous altéreraient trop, monsieur et cher étranger, vous avez, dans le Jardin des Tuileries même, au bas de la terrasse qui longe la rue de Rivoli, un glacier qui continue le commerce de Renard, — duels et parties fines à part. En y savourant votre sorbet ou votre granit, vers les cinq heures du soir, vous jouirez du concert qu'on y donne aux promeneurs.

LE JARDIN DU LUXEMBOURG

Ce jardin a une physionomie bien différente de celle des Tuileries, — et, à cause de cela, il est à voir pour comparer. L'un, c'est le promenoir de toutes les élégances ; l'autre est une sorte de préau de récréation pour les étudiants en droit et en médecine, ces grands enfants qui aiment à s'amuser dans l'entr'acte de deux cours et leurs pensums faits.

Cependant, si l'on en croit un historien parisien de la fin du siècle dernier, c'était, à l'origine, c'est-à-dire lorsque Monsieur, frère de Louis XVI, le mit à la disposition du public, — c'était, comme les Tuileries,

« Le pays du beau monde et des galanteries ; »

mais, depuis longtemps, le *beau monde* s'est envolé de là, et les galanteries y sont restées. Vous devinez quelles galanteries, pour peu surtout que vous ayez lu Paul de Kock : des amours de tourlourous avec leurs *payses*, — et aussi des amours d'étudiants avec ce qu'on est convenu d'appeler des grisettes, bien que l'espèce en soit disparue, si tant est même qu'elle ait jamais existé.

Polyphème surprenant Acis et Galathée.

Ah ! si les marronniers des Tuileries en ont entendu de belles, les platanes du Luxembourg n'en ont pas entendu de moins jolies ! Que de romans ébauchés là et terminés à la Closerie des Lilas, entre deux quadrilles ou entre deux verres de groseille ! Que de jeunes demoiselles — et même de vieilles, car la galanterie a ses vétérans comme l'armée, — sont venues s'asseoir sur les bancs de la Pépinière ou de la Grande Allée, en compagnie de jeunes aspirants au diplôme d'avocat ou de médecin, afin de se lever mutuellement au bout d'une heure d'amoureuse causerie !... S'il faut que tout le monde vive, il faut naturellement que tout le monde aime, bonnes d'enfants et tourlourous, étudiants et grisettes. La morale a peut-être lieu de s'affliger de ces liaisons, — si peu dangereuses ; mais, comme elle ne peut pas plus empêcher les cœurs jeunes de se chercher que les ruisseaux de couler, le mieux pour elle est encore de fermer doucement les yeux, comme une tolérante et aimable aïeule qu'elle devrait être. Quoi qu'on dise et quoi qu'on fasse, l'amour est le roman de la vie, comme le mariage en est l'histoire : il faut de toute nécessité commencer par épeler l'un sur les lèvres des filles folles, avant de lire l'autre sur le front des filles sages.

Le Jardin du Luxembourg est aussi intéressant à visiter, mais dans un autre ordre d'idées, que le Jardin des Tuileries. Malgré la suppression de la Pépinière, cet adorable nid de verdure où toute une génération a tendrement pépié, le public spécial qui vient là depuis si longtemps continue à y venir, et il en sera probablement ainsi pendant de longues années encore. Ce sera toujours le jardin affectionné des étudiants, des grisettes, des enfants, des vieillards, des rêveurs, de tous ceux qui aiment les fleurs, les arbres, l'ombre et le silence ; silence que viennent troubler, chaque jeudi, les collégiens et les écoliers du quartier, et, le dimanche, les joueurs de ballon et les joueurs de paume, pour assister, loin des éclaboussures, à ces ébats d'hommes faits et à ces jeux d'enfants, s'asseoir à une table du café-restaurant placé dans l'intérieur du jardin, entre la Pépinière et l'allée qui conduit à la rue de Fleurus.

Pendant la belle saison, concert chaque soir, à cinq heures.

LE PARC MONCEAUX

Ce n'est ni le bois-parc de Boulogne, ni le bois-parc de Vincennes, c'est une oasis dans un désert de maisons. La mode n'a pas adopté cette oasis, non par dédain, mais parce qu'elle a d'autres promenades privilégiées où elle a l'habitude d'aller et où elle ira longtemps, sinon toujours, mais à cause de cette espèce d'isolement dans lequel on l'a laissé. Le parc Monceaux a de très-vifs charmes pour les gens qui aiment les boulingrins, les cascades, les massifs d'arbres, les parterres de fleurs, les ruines chargées de lierres, les grottes ombreuses, — et la presque solitude.

Louis-Philippe d'Orléans, duc de Chartres, hésiterait peut-être pendant quelques instants à reconnaître le jardin que lui avait dessiné Carmontelle; mais bientôt, malgré l'absence de beaucoup de choses pittoresques et charmantes — dans le goût de son temps, — il s'orienterait, et, apercevant les ruines restaurées de la naumachie, il s'écrierait : « Voilà ma *Folie!* » Une Folie qui lui coûta les yeux de la tête d'abord, — et après, la tête.

Le public du parc de Monceaux est un public spécial aussi, comme le public de chacun des précédents jardins : ce sont de petits rentiers du quartier, des petits ménages d'ouvriers des environs, des mères de famille qui viennent travailler sous les arbres pendant que leurs babies jouent sur le gazon, — et, comme partout, des Galathées en bottines à talons qui se cachent derrière les saules afin d'être mieux remarquées des gens que les femmes seules intéressent toujours d'une façon particulière.

LE JARDIN DU PALAIS-ROYAL

Promenade excellente, suite naturelle des excellents déjeuners ou dîners qu'on a faits dans les nombreux restaurants qui entourent ce jardin, connu d'un bout du

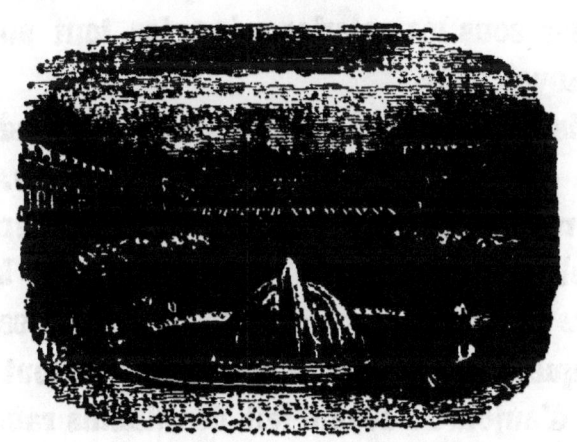

monde à l'autre. La désertion est plus prompte et plus agréable ainsi.

A proprement parler, malgré ses deux parterres, son bassin et ses deux ou trois allées de tilleuls, ce n'est pas un véritable jardin, ou alors on n'a plus le droit de se moquer du bourgeois qui donne ce nom à la caisse de fleurs placée sur sa fenêtre. Ah! si l'ombreuse allée de marronniers, plantée là jadis par le cardinal de Richelieu, existait encore, cela donnerait peut-être une physionomie de jardin à ce grand espace où le sable de rivière pousse en guise de *grass-plot;* car il est difficile de compter pour des arbres ces tilleuls rachitiques, plantés à droite et à gauche des parterres, et qui, lorsque le soleil darde, n'offrent pas le moindre abri aux promeneurs, obligés de se réfugier sous les galeries ménagées tout autour du Palais-Royal.

Mais cela n'empêche pas le public d'abonder en cet endroit, qui est le rendez-vous de l'univers. Il n'est pas d'heure de la journée où il soit complétement désert. Les nouvellistes d'autrefois se rassemblaient à l'ombre de l'*arbre de Cracovie* pour y deviser des choses du moment, politiques et littéraires, — politiques surtout : les nouvellistes d'aujourd'hui ont fait des tilleuls rabougris autant d'arbres de Cracovie parmi lesquels ils se promènent en causant ou en lisant les journaux loués à l'un des petits pavillons qui s'y trouvent. Je ne sais pas si, autrefois, les enfants y venaient jouer sous l'œil vigilant de leur mère ou sous l'œil indifférent de leur bonne, mais je sais bien qu'aujourd'hui, petits garçons d'un côté, petites filles de l'autre, c'est un tapage, un tumulte, une gaieté bruyante qui réjouit certainement l'esprit des promeneurs, amis de la jeunesse, mais qui, certainement aussi, leur brise les oreilles. Vers six heures du soir, l'aspect du jardin change : les enfants sont partis depuis longtemps avec leurs bonnes ou leurs mères, et l'on ne voit plus que des adultes des deux sexes aller et venir sous les tilleuls, — des adultes et même des vieillards. C'est l'heure du concert que vient donner là chaque soir aux Parisiens la musique d'un des régiments casernés à Paris, et, quoique nous ne soyons pas précisément un peuple mélomane, la musique nous sert de prétexte à tant de choses que nous faisons semblant de l'adorer et que nous courons avec empressement à tous les concerts gratuits.

A ce moment-là, le Palais-Royal grouille de monde. D'élégants promeneuses vont et viennent, deux à deux, quelquefois seules, autour du bassin, près duquel se tiennent les musiciens ; elles paraissent être très-occupées des notes qui sortent des ophicléides et des trombones, mais en réalité, ce qui les intéresse le plus, ce sont les notes de leur lingère, de leur modiste, de leur tapissier et de leur couturière, qu'elles n'auront jamais la naïveté de payer elles-mêmes tant qu'il y aura au Palais-Royal des hommes cossus autant que galants, galants autant que cossus. Elles sont bien jolies et bien élégantes, ces promeneuses-là, — par conséquent bien dangereuses : que ceux qui n'aiment pas le danger tout en aimant la grâce et l'élégance se mettent du coton — non dans les oreilles, mais dans les yeux...

Dans la soirée, jusqu'à l'heure de la fermeture du jardin, il n'y a plus de concert, mais il y a toujours beaucoup d'amateurs sous les tilleuls. Malgré les lumières que projettent les boutiques du rez-de-chaussée et les salons de restaurants ou de cafés du premier étage, il y a encore autour des parterres et du bassin assez d'ombre pour favoriser les conversations mystérieuses des élégantes promeneuses et des galants promeneurs : c'est même à ce moment que les tilleuls donnent le plus d'ombre, et je comprends que les gens qui l'aiment la recherchent et en profitent.

LE JARDIN DES PLANTES

J'ai une tendresse particulière pour ce jardin-là, qui n'est point, — comme les autres dont je viens de tracer une légère esquisse, — battu par des tourbillons de promeneurs et qui n'a souvent, pendant des journées entières, d'autres hôtes que des hôtes sauvages. Ce n'est point un jardin banal.

C'est une immense bibliothèque d'histoire naturelle. On y peut lire — quand on a de bons yeux et de bonnes jambes — tous les livres des Buffon, des Tournefort, des Jussieu et des Linnée, et surtout le livre du Bon Dieu, le mieux écrit de tous, le plus clair et le plus savant, le plus poétique et le plus vrai. Il n'est pas riche seulement en hôtes à deux ou quatre pattes, en échantillons du règne animal : il est riche surtout en produits végétaux. Je crois qu'il a tous les arbres et toutes les plantes du globe, — hormis le baobab et l'upas, — comme il a tous les animaux des deux mondes, — excepté peut-être le *rotifer* de Charles Nodier. Aussi a-t-il des coins toujours verts, et il ne présente pas — dans la mauvaise saison, — ces squelettes d'arbres qu'on voit frissonner ailleurs durant l'hiver. Aussi est-il toujours un admirable jardin, plein d'ombre et de soleil, de solitude et de gaieté, propre aux ébats bruyants de l'enfance comme aux rêveries silencieuses de l'âge mûr. On s'y recueille, on y joue, on y aime, on y rêve. La bonne d'enfant, ornée de son inséparable *pays* en pantalon garance, y coudoie le rentier, le provincial y heurte le poëte, la foule y côtoie le désert.

Je n'ai pas pour mission, monsieur et cher étranger, de vous donner sur le Jardin des Plantes des renseignements que vous fournira obligeamment le premier venu et qui seraient mal placés ici dans ces rapides croquis où les grandes masses dominent naturellement les détails. Je vous signale cette promenade comme je vous ai signalé les précédentes, parce qu'elle est un plaisir d'un genre à part, que beaucoup de tempéraments peuvent priser si beaucoup aussi peuvent le dédaigner, et un plaisir capable d'occuper une journée entière ; car il y a là, dans cet océan de verdures indigènes et de frondaisons exotiques, au milieu des marronniers et des micocouliers, des acacias et des platanes, des tilleuls et des néfliers, il y a mille choses à voir, toutes plus ou moins curieuses : les fosses aux ours, sur lesquelles plane la légende de l'imprudent vétéran ; les cages des lions, les parcs aux girafes, aux éléphants, aux bisons, aux gazelles ; les volières d'oiseaux rares, le palais des singes, les serres, le labyrinthe, etc. Et puis, pour les célibataires, les bancs des allées désertes, où sont installées, dans les chaudes après-midi ou dans les tièdes soirées, avant que la retraite ait été battue, des veuves mélancoliques qui voudraient bien remonter le fleuve de l'amour, et des célibataires femelles qui voudraient consoler, — même morganatiquement. Quelquefois, ces belles et perfides désolées tiennent un livre qu'elles font semblant de lire et dont elles ne détachent les yeux que pour les lancer chargés de langueur amoureuse, comme autant d'hameçons, aux passants, ces goujons de leurs rêves.

Évitez ces allées désertes, monsieur et cher étranger,

ou passez-y avec la rapidité d'un homme qui ne veut pas être importuné; et si la fantaisie vous prend de vous reposer quelque part, que ce soit du moins sous les robiniers du petit café-restaurant qui fait suite à la galerie de la minéralogie, entre la grande allée et la rue Buffon. Ce café, qui n'a peut-être pas changé d'aspect depuis soixante ans, est le seul endroit de Paris où l'on vende encore des croquets et des échaudés et où l'on boive encore de la bière blanche.

LES PASSAGES

Ce sont des promenades aussi, — des promenades couvertes, — qu'on me reprocherait avec raison d'oublier. Il en est de chacun de ces passages comme des boulevards : chacun d'eux a son public et sa physionomie, qui ne sont ni la physionomie ni le public du voisin.

Ainsi, pour commencer par le *passage Jouffroy*, qui a une issue sur le boulevard Montmartre et une issue sur la rue de la Grange-Batelière, il est si couru par la foule des flâneurs que, chaque jour, dès quatre heures de l'après-midi, il faut sérieusement et résolûment jouer des coudes pour arriver à se faire jour à travers les allants et venants, qui vont par bancs épais comme les harengs

Les boulevards de Paris. (Vue prise de la Madeleine.)

dans le détroit de la Manche. Les gens pressés aiment mieux faire un détour que de s'aventurer sous ce tunnel de verre, où l'on risque à chaque instant d'écraser les pieds de ses voisins ou d'avoir les côtes enfoncées par eux. Et notez, je vous prie, que je ne parle pas des jours de pluie! Ces jours-là, le passage est tout à fait impraticable : quand on croit avancer, on recule, et tel qui avait mis une demi-heure pour arriver jusqu'au milieu de la galerie, et qui s'applaudissait d'avoir déjà fait tant de chemin, se trouve, au bout d'une autre demi-heure, refoulé par les flots jusqu'au boulevard, par lequel il était entré.

Pourquoi tant de monde? Je l'ignore, et ceux qui vont se promener là tous les jours, de quatre à six heures, l'ignorent comme moi. C'est un lieu de rendez-vous et de promenade : on s'y attend, et l'on s'y promène sans plus s'inquiéter du reste. Je dois ajouter, pour être véridique, que les boulevardières, du moins une notable partie des boulevardières, ont l'habitude de traverser ce passage en descendant des hauteurs cythéréennes de Breda-Street, et, dame! elles sont si provoquantes en leur toilette de combat, ces chercheuses d'inconnus, qu'il n'est pas étonnant qu'on se presse un peu sur leurs traces pour les admirer du plus près possible et échanger avec elles des œillades qui valent des cartes de visite.

Il faut ajouter aussi que le *passage Jouffroy*, outre ces

avantages que n'ont pas les autres passages, est le siége de trois restaurants qui se disputent chaque jour les gourmets, et même seulement les gourmands en train de visiter Paris, étrangers et provinciaux : le *Dîner de Paris*, le *Dîner du Rocher* et le *Dîner Jouffroy*, dont nous aurons occasion de parler au chapitre consacré aux établissements culinaires. Vous comprenez, la promenade sert d'absinthe, et les ardoises où est inscrit le menu du jour font le reste. Le premier nommé de ces trois restaurants est le premier fondé, et le dernier nommé le dernier établi là, comme un défi aux deux autres.

Le *passage Verdeau*, qui fait suite au *passage Jouffroy*, et auquel on arrive en traversant la rue de la Grange-Batelière, ne jouit pas, à beaucoup près, de la même vogue que son frère jumeau; autant celui-ci est couru, autant celui-là est délaissé. Pourtant, c'est un passage aussi convenable que l'autre. Oui, mais si le premier finit rue de la Grange-Batelière, il commence sur le boulevard Montmartre, tandis que le second commence sur une rue pour aboutir à une autre rue; c'est à considérer. Un passage purement et simplement, le *passage Verdeau*. Une promenade, le *passage Jouffroy*.

Le *passage des Panoramas*, situé de l'autre côté du boulevard Montmartre, juste en face du *passage Jouffroy*, est presque aussi encombré chaque jour depuis midi jusqu'au soir, mais son public n'est pas tout à fait le même, quoique en apparence celui de l'un et celui de l'autre se ressemblent. Je n'ose pas dire que les gens qui viennent se promener ici sont plus honnêtes que ceux qui vont se promener là; pourtant, je le gagerais, — au risque de perdre la gageure. Le *passage Jouffroy* a plus d'hommes, ce qui est bien un peu significatif. Le *passage des Panoramas* a des couples de Parisiens et de provinciaux qui viennent admirer les merveilles qui s'étalent aux vitrines des boutiques, bronzes d'art, reliures de luxe, etc. Songez : Félix et Marquis ont chacun une entrée, ou, si vous aimez mieux, une sortie sur ce passage !

Toutefois il n'y a pas que des couples, parisiens ou provinciaux, qui hantent de préférence le *passage des Panoramas*; il y a également, et en assez grand nombre, des célibataires appartenant à la catégorie désignée sous le nom de *suiveurs*. Ils sont jeunes ou vieux, ces suiveurs, — plutôt vieux que jeunes; la plupart, ne pouvant mettre un faux nez pour se déguiser et dérouter les soupçons des personnes de leur connaissance que le hasard amène souvent là, mettent des lunettes vertes derrière lesquelles leurs yeux peuvent impunément s'allumer à la vue des jeunes ouvrières qui passent par là en revenant du travail. Je ne garantis pas que ces ouvrières soient des ouvrières; elles en ont seulement le costume : robe simple, petit bonnet de linge ou de tulle, petit tablier, petit panier. Je sais bien qu'on pourrait s'en assurer en regardant le bout de leurs doigts, veufs de piqûres, mais les gens à lunettes vertes n'y regardent pas de si près !....

Le *passage des Princes*, qui s'est appelé *passage Mirès* lorsque M. Mirès était encore quelque chose dans le monde financier, ne ressemble guère aux précédents. Il n'a pas la foule du *passage Jouffroy* ni du *passage des Panoramas*, mais ce n'est pas non plus un désert comme le passage Verdeau. Les boulevardières ne l'honorent pas de leur présence, mais les promeneurs amis de leurs coudées franches le préfèrent entre tous. Tout le monde ne se promène pas pour être vu, ni même pour voir ; il y a des gens qui se promènent pour se promener. Je ne saurais les en blâmer.

Le *passage de l'Opéra*, lui, est tantôt désert, tantôt peuplé. Il est peuplé à l'issue de la Bourse, parce qu'alors les joueurs chassés de la *corbeille* s'y réfugient pour continuer leur fiévreux agiotage, et c'est alors un spectacle qui a son prix que celui de ces gens, amis du gouvernement pour la plupart, ou tout au moins hommes d'ordre, se chuchotant mystérieusement et mutuellement à l'oreille comme des conspirateurs. Il est désert, parce qu'avant l'arrivée de ces oiseaux de proie et après leur départ, on ne voit plus là que de très-rares promeneurs.

Et cela se comprend. Un passage, c'est une sorte de pont jeté entre des pierres de taille au lieu d'être jeté sur un fleuve, pour faciliter aux passants le moyen d'aller plus vite d'une rue à une autre rue. Or, quelle distance abrége le *passage de l'Opéra?* quel chemin raccourcit-il ? Qu'on prenne la *galerie de l'Horloge*, et l'on n'arrivera pas une minute plus tôt que si l'on prenait le boulevard ; de même si l'on prend la *galerie du Baromètre*, on n'arrivera pas plus tôt rue Le Peletier. Si je ne m'abuse, c'est là une raison majeure. Il y en a une autre qui vaut celle-là : c'est que la foule capricieuse aime mieux se promener ailleurs.

Le *passage Choiseul*, qui continue pour ainsi dire la rue de ce nom, sert à quelque chose, lui, du moins : il évite aux gens pressés une perte de temps assez considérable. Aussi la foule parisienne lui en sait-elle gré en le traversant d'un bout à l'autre de la journée, — mais, par exemple, sans trop s'y arrêter. Beaucoup de passants mais peu de promeneurs. Ce qui prête encore à son animation, ce sont les deux cafés établis à chacune de ses extrémités, et le restaurant établi à peu près au milieu. A propos de ce dernier, une anecdote d'une forte saveur racontée par Auguste Villemot : « Il y a dans le passage Choiseul un établissement à trente-deux sous contigu à un établissement à trois sous. L'établissement à trente-deux sous est un restaurant, l'établissement à trois sous n'est pas un restaurant. Un jour un amateur qui sortait de cette dernière maison de commerce dit à la gérante :

« *Madame, tout n'est pas roses dans la vie, et chez vous par-*
« *ticulièrement. — Ne m'en parlez pas, monsieur,* répliqua
« la dame, *ce restaurant qui est venu s'établir à côté de*
« *nous empoisonne notre maison!* »

A propos du *passage Vivienne* et du *passage Colbert,* qui tous deux commencent rue Neuve-des-Petits-Champs pour finir rue Vivienne, je ferai la même remarque qu'à propos du *passage de l'Opéra* : ce sont des passages où l'on passe peu, parce qu'ils n'abrègent en aucune façon le chemin, et qu'en somme, à Paris comme à Londres et à New-York, *time is money.* Ils sont propres, ils sont spacieux, mais ils sont inutiles. Cependant on y passe et l'on se promène; mais croyez bien que les femmes qui s'y promènent n'y ont pas les arrière-pensées folâtres que ne manquent pas d'avoir celles qui font du passage Jouffroy *leurs galeries,* et que les hommes qui y passent ne s'attendent pas le moins du monde à faire lever sous leurs pas la moindre compagnie de perdrix roses. Les vrais chasseurs et le vrai gibier sont ailleurs.

Ils sont au *passage du Saumon,* qui relie la rue Montmartre à la rue Montorgueil. Il n'a pas, ce passage, l'élégance de tous ceux que je viens de citer; ses boutiques sont loin d'avoir des vitrines engageantes; malgré cela, c'est peut-être le passage de Paris le plus battu par des paires de bottes amoureuses et par des paires de bottines coquettes. C'est inouï ce que, à quelque heure de l'après-midi ou de la soirée qu'on passe, on entend de jeunes hommes murmurer : « Mademoiselle, voulez-vous accepter mon bras ? » et de jeunes filles répondre : « Monsieur, pour qui me prenez-vous ?... » Parbleu ! jeunes filles émancipées de la veille ou de l'avant-veille, ces jeunes hommes vous prennent — pour eux ! Et vous vous y attendez bien, puisqu'au lieu de remonter la rue Montmartre ou de descendre la rue Montorgueil, votre véritable chemin, vous préférez vous aventurer dans ce long, long, long *passage du Saumon*, qui n'est pas du tout votre chemin. Autant d'histoires à raconter le lendemain à l'atelier pour l'édification des apprenties et des novices ! Ah ! vous connaissez le cœur masculin sur le bout du doigt, et si le diable venait chez nous ouvrir une école de séduction, je crois qu'il n'aurait rien à vous apprendre : vous êtes savantes de naissance, chères petites Parisiennes, mes belles cousines !

Passage du Saumon ? Non, c'est *passage des Goujons* qu'il devrait s'appeler...

III

LES CAFÉS

« La vie de café », — comme disent avec mépris les vieilles demoiselles qui sont condamnées à perpétuité à l'*home*, fau..s de pouvoir l'être à l'homme — est menée à Paris par tout le monde, par les grands comme par les petits, par les riches comme par les pauvres, par les artistes comme par les artisans. Aussi, en écrivant une histoire des cabarets et des cafés parisiens, est-on exposé à écrire une histoire de toutes les classes de la société parisienne, depuis les plus élevées jusqu'aux plus basses, depuis les plus nobles jusqu'aux plus viles. J'ai écrit cette histoire il y a quatre ans, et je n'ai oublié ni le *Café Véron* ni la *Californie*, ni le *Café d'Orsay* ni *l'Assommoir*.

Il y a longtemps que les cafés et les cabarets sont les *salons de la démocratie*, — pour employer la juste expression de M. Hippolyte Castille. Les lieux et leurs habitués ont changé, mais les habitudes sont restées les mêmes. Ce ne sont plus ni les mêmes cabarets ni les mêmes buveurs, mais ce sont toujours des cabarets et des buveurs.

La première recommandation d'un père à son fils, lorsqu'il l'envoie dans la grande ville pour y faire son apprentissage de la vie, c'est de ne pas hanter les cabarets et les cafés, qui sont « lieux de perdition ». Les pères qui ont des fils pensent là-dessus comme les vieilles filles de tout à l'heure, — oubliant qu'ils ont été fils eux-mêmes avant d'être pères, c'est-à-dire qu'ils ont été jeunes, qu'ils ont traversé, comme tout le monde, les cabarets et les cafés, sans y perdre autre chose que du temps et de l'argent. Le temps est de l'argent, sans aucun doute : c'est pour cela qu'il faut le dépenser.

Les pères de province qui font cette recommandation *puérile*, mais honnête, oublient également que tout ce que Paris renferme d'illustrations, grosses, moyennes et petites, mène « la vie de café » — comme la menaient les illustrations du temps jadis. Les poëtes d'autrefois allaient à la *Fosse aux Lions*, à la *Croix de Fer*, au *Mouton blanc*, à la *Pomme de Pin*, au *Café Procope*, à l'*Épée de Bois*, au *Café de la Régence*, etc. Les grands seigneurs, de leur côté, allaient chez la Duryer, ou au *Port à l'Anglais*, ou chez Rousseau, rue d'Avignon. Les grandes dames allaient à la *Maison rouge*, de Chaillot. Les grands cabotins allaient chez Forel, et les grands voleurs chez Germain Favard. Quant aux grands poëtes, aux grands financiers, aux grands industriels, aux grands cabotins, ils vont dans les cabarets et dans les cafés dont j'ai essayé une fois d'écrire l'histoire au courant de ma plume et de mes impressions personnelles.

Tous sont à voir, et je vous engage à ne pas manquer cette occasion qui vous est offerte de surprendre les Parisiens ailleurs que chez eux, — où ils restent le moins possible. Vivre chez soi, penser chez soi, boire et manger chez soi, aimer chez soi, souffrir chez soi, mourir chez soi, nous trouvons cela ennuyeux et incommode. Il nous faut la publicité, le grand jour, la rue, le cabaret, le café, le restaurant, pour nous témoigner en bien ou en mal, pour causer, pour être heureux ou malheureux, pour satisfaire tous les besoins de notre vanité ou de notre esprit, pour rire ou pour pleurer : nous aimons à *poser*, à nous donner en spectacle, à avoir un public, une *galerie*, des témoins de notre vie. Profitez donc de cette manie parisienne afin d'enrichir de croquis votre album, de notes votre calepin, et d'observations vos cartons cérébraux.

Commençons par

LE CAFÉ DU GRAND-HOTEL

Sur le boulevard des Capucines. Établissement de premier ordre, où tout est de premier choix, cigares et café, tout, — excepté les garçons. C'est si difficile à avoir des serviteurs convenables, suffisamment zélés pour n'être pas importuns, suffisamment polis pour n'être pas obséquieux, suffisamment intelligents pour n'être pas insupportables! Si difficile! Il faudrait les faire faire exprès, — et encore!

Le Café du Grand-Hôtel a pour clientèle naturelle les étrangers de l'hôtel, puis les promeneurs que la chaleur invite à se rafraîchir, ou que la fatigue invite à se reposer. Mais c'est principalement le soir que sa *terrasse* se trouve envahie par les promeneurs. Je n'y ai point vu jusqu'ici de ces péripatéticiennes du boulevard auxquelles les devantures des autres cafés servent d'escales; les honnêtes femmes qui s'assoient aux tables du Café du Grand-Hôtel ne se plaignent pas de l'absence de ces crinolines tapageuses dont le voisinage est si fâcheux pour elles, — et si agréable pour leurs maris ou pour leurs amants.

LE CAFÉ DE BADE

Sur le boulevard des Italiens, à côté du théâtricule des *Fantaisies parisiennes*, est le rendez-vous de la fleur des pois de la gentilhommerie moderne.

Tout naturellement alors fleur des pois de la haute bicherie! Ils viennent dans la journée, eux; elles viennent dans la soirée, elles. Je glisserai rapidement sur le costume des premiers, qui a rarement été aussi grotesque, pour m'extasier à mon aise sur celui des secondes, qui n'a jamais été plus adorable. Les Parisiennes honnêtes s'habillent bien, je le reconnais avec empressement; mais je suis forcé d'avouer que les... autres Parisiennes s'habillent cent fois mieux. Jamais la feuille de vigne de notre grand'mère Ève n'avait subi des modifications aussi fantaisistes, aussi larges, aussi originales. Les gens pudibonds crient au scandale en se bouchant — mal — les yeux; mais les gens de goût s'inclinent, ravis, devant tant d'ingéniosité et de science diaboliques exclusivement dépensées pour leur plaire et les séduire. Puisque les femmes se mettent en frais d'imagination pour les hommes, les hommes ont le devoir de se mettre en autres frais pour les femmes. Jugez-en vous-même, bon étranger, par le croquis qu'en a pris l'autre soir Hadol à votre intention.

Ce qui jure un peu avec ce galant public du *Café de Bade*, ce sont les joueurs de whist de la salle du fond, des débris de l'ancien *Divan* de la rue Le Peletier, des journalistes et des romanciers. Au fait, pourquoi ces deux publics jureraient-ils d'être ensemble? Les belles drôlesses d'Athènes frayaient volontiers avec les vieux philosophes! Il n'y a vraiment qu'eux, — elles le savent bien, — qui sachent couvrir leurs aimables turpitudes d'un ample manteau de tolérance et de pardon, la bonté étant le résultat naturel de l'intelligence...

HILL'S TAVERN

Un restaurant plutôt qu'un café; café, cependant, dans la journée, hanté spécialement par des Anglais et des Américains. Nous en recauserons plus loin.

LE CAFÉ DU HELDER

Situé sur le boulevard des Italiens, entre la rue de la Michodière et la rue de Choiseul.

A la spécialité des officiers en bourgeois, ainsi qu'on

peut s'en assurer à l'heure de l'absinthe, c'est-à-dire de quatre à six heures du soir. On y lit *le Moniteur de l'Armée* de préférence au *Journal des Demoiselles*, et on s'y préoccupe plus des décorations du 1er janvier ou du 15 août que des conférences de Timothée Trimm. Je comprends cela.

LE CAFÉ ANGLAIS

Situé sur le même boulevard, à deux pas de l'Opéra-Comique. Café décent, silencieux, où l'on déjeune et soupe aujourd'hui un peu moins qu'autrefois, — du temps où Alfred de Musset y contait ses histoires de revenants et Chocard ses aventures scandaleuses, — mais où l'on déjeune encore volontiers, — et bien. Je n'en parle ici que pour mémoire.

Comme contraste, il y a son voisin,

LE CAFÉ DU GRAND BALCON

C'est un des rares estaminets du boulevard qui soient au premier étage au lieu d'être au rez-de-chaussée. Le public n'aime guère à monter, — une fatigue à ajouter aux autres; pour qu'il ait adopté *le Café du Grand-Balcon*, il faut qu'il y ait trouvé des compensations. Ces compensations sont l'excellence des divans, et surtout l'excellence de la bière qu'on y boit : le bock y coûte cher, mais il est exquis.

Pour les gens qui aiment à surprendre les célébrités parisiennes en déshabillé, je signale, parmi les habitués de la salle de billard du milieu, M. Monrose, sociétaire de la Comédie-Française et professeur de déclamation au Conservatoire. Il a des carambolages remarquables.

LE CAFÉ TORTONI

Un glacier célèbre — par son perron, qu'ont monté et descendu tant d'illustrations de toutes sortes, depuis M. de Talleyrand, le roi de la diplomatie, jusqu'au comte de Montrond, le roi de la mode; depuis Lacretelle et Jouy, des gens de lettres destinés à l'Académie, jusqu'à Delrieu et Riboutté, des gens de lettres destinés à l'oubli.

La foule ne s'y porte pas, il est vrai, mais cela ne prouve rien, — sinon l'indifférence de la foule. Les gens distingués, seuls, aiment cette maison où la pipe et les jeux bruyants n'ont pas encore osé s'imposer.

LE CAFÉ RICHE

Celui-là même qu'il a été pendant quelque temps à la mode, parmi les chroniqueurs, de désigner sous le nom de *Café Iche*. Albéric Second et Auguste Villemot n'y manquaient jamais.

Le *Café Riche* est une sorte de Café de Bade, panaché de cocotterie et de littérature. Comme c'est un restaurant plus encore qu'un café, je renvoie, pour en parler, au chapitre consacré aux établissements où l'on mange.

LE CAFÉ GRÉTRY

Il n'a jamais fait beaucoup parler de lui : vertu chez une femme, vice dans un établissement public. Je n'ose pas le féliciter de sa modestie et de sa tranquillité.

Sa clientèle se compose en partie des boursiers qui hantent le passage de l'Opéra, dans le voisinage duquel il se trouve, — et aussi, sans doute pour justifier son enseigne, de quelques musiciens, exécutants ou compositeurs — de l'avenir.

A deux pas du *Café Grétry*, formant angle avec ledit passage de l'Opéra, galerie de l'Horloge, est

LE CAFÉ DE PARIS

qu'il ne faut pas du tout confondre avec l'ancien et célèbre établissement de ce nom, dont il est si fort question dans les *Mémoires d'un bourgeois de Paris*, de M. Louis Véron.

Le *Café de Paris* actuel est l'ancien *Café Leblond*. Il a le même public et les mêmes habitudes. Dans la matinée, on y déjeune; vers minuit, on y soupe, et Dieu sait quels soupeurs et quelles soupeuses! Des gens de lettres panachés de cocottes et de cocodès. Nous en reparlerons à l'article *Restaurants*. Parlons plutôt, pendant que nous sommes dans son voisinage, de cet autre café qu'on appelle

LE DIVAN DE L'OPÉRA

Je ne sais pas pourquoi on parle tant de l'autre, le *Divan Le Peletier*, qui n'existe plus, au lieu de parler de celui-là, qui existe toujours au même endroit, c'est-à-dire à l'extrémité de la galerie du Baromètre, dans le passage de l'Opéra. Dans l'un, on ne consommait que *littérai-*

ment, et les objets de consommation étaient tantôt de l'*élixir de Balzac*, tantôt de l'*eau-de-vie vieille de Cassagnac*, tantôt du *vespétro Alexandre Weill*, tantôt des *tartines à la Janin*, etc., etc.; tandis que dans le divan du passage de l'Opéra on y boit d'excellentes choses, assis sur d'excellents divans. Quelques gens de lettres y vont, — ce sont assurément les plus intelligents, si ce ne sont pas les plus spirituels.

Puisque je viens de rencontrer sous ma plume le nom de la parlotte artistique et littéraire, aujourd'hui défunte, je suis dans l'obligation d'avouer que

LE DIVAN LE PELETIER

existe encore dans le local, du moins dans une partie du local de l'ancien *Dîner de Paris*, rue Richelieu et rue Le Peletier; mais je m'empresse d'ajouter que ce divan-là n'a rien de commun, que le nom, avec l'ancien, le seul, le vrai, celui qui fut chanté par Théodore de Banville.

Le *Divan Le Peletier* actuel, s'il n'offre pas aux curieux les avantages qu'offrait l'autre, — une ménagerie! — du moins peut en offrir un plus grand aux amateurs du noble jeu de billard, car c'est là que se jouent, entre joueurs de première force, des parties du plus haut intérêt. C'est à voir.

Revenons au boulevard des Italiens, et traversons-le pour parler d'un autre café, situé à l'angle de la rue Richelieu.

LE CAFÉ CARDINAL

Celui-là a une physionomie différente, et alors même qu'il n'aurait pas son nom inscrit sur sa devanture, ni le buste en plâtre de son patron, Armand-Jean Duplessis de Richelieu, il serait très-facile à reconnaître au milieu des autres cafés du boulevard : il a un garçon italien, des journaux italiens et des habitués italiens, — ce qui n'empêche pas, bien entendu, les habitués parisiens ou marseillais, boursiers ou autres. Les artistes de la salle Ventadour y font chaque jour la sieste obligée.

On n'y joue ni au billard ni aux cartes, mais on y joue aux dominos et aux échecs, comme partout ailleurs; seulement, plus qu'ailleurs, tout en amenant le double blanc ou en faisant échec au roi, on s'y entretient des réputations théâtrales — lyriques. Les journalistes qui ont besoin de renseignements sur la dernière pièce jouée aux Italiens s'en viennent de confiance les chercher au *Café Cardinal* : ils les y trouvent.

C'est comme

PETER'S TAVERN

la buvette privilégiée d'une fraction de la petite presse, dans le Passage des Princes. C'est là que les chroniqueurs viennent s'alimenter de chroniques.

Mais Peter's Tavern est un restaurant plutôt qu'un café, quoique beaucoup de gens de bourse y aillent boire de l'ale ou du porter, sous prétexte d'y voir manger les gens de lettres, ses habitués. Nous y reviendrons.

LE CAFÉ VÉRON

Sur le boulevard Montmartre, à l'angle de la rue Vivienne. Une vieille réputation méritée. Hanté dans la journée par quelques journalistes qui y déjeunent, Henri Rochefort, Albert Wolf, Xavier Aubryet, Gustave Claudin, Gabriel Guillemot et, je crois, Jules Noriac, le Café

Véron a, dans la soirée, une clientèle de passants, comme tous les cafés convenables en ont une.

Je n'en dirai pas autant de son voisin,

LE CAFÉ DES VARIÉTÉS

qui est peut-être le plus bruyant et le plus extravagant des cafés du boulevard.

Dans la matinée, il n'a personne. A partir de midi, il a des vaudevillistes qui y viennent déjeuner, des auteurs sifflés et des auteurs qui voudraient bien l'être, des acteurs et quelques actrices; à cinq heures, il a des groupes compactes d'absintheurs appartenant à tous les mondes de la haute et basse Bohême artistique et littéraire. On n'y fait pas le mouchoir, mais on y fait volontiers le mot et les idées des voisins. L'imprudent qui laisse traîner un plan de drame ou un sujet d'articles est assuré de ne plus le retrouver, ramassé aussitôt qu'il a été par trois ou quatre démarqueurs de linge littéraire.

Mais c'est surtout vers minuit que le Café des Variétés prend sa véritable physionomie, celle qui empêchera toujours de le confondre avec les autres cafés, ses voisins; car minuit, c'est l'heure de la soupe aux choux, — une indigestion traditionnelle à laquelle se garderaient bien de manquer les *boulevardiers* et les *boulevardières*. A minuit, et surtout à une heure du matin, on y voit beaucoup de gens gris, fort aimables d'ailleurs, et beaucoup de femmes aimables, un peu grises aussi.

LE CAFÉ DE SUÈDE

a, comme son voisin, le *Café des Variétés*, une clientèle de boulevardiers et de boulevardières, de gens de lettres et d'hétaïres, mais en moins notable qu'utile.

Le *Café de Suède* tient le milieu entre le *Café des Variétés*, dont nous venons de parler, et son rival d'en face,

LE CAFÉ DE MADRID

dont nous allons parler.

Le *Café de Madrid* est le Café Procope du dix-neuvième siècle. Voltaire et Diderot n'y sont plus, Piron non plus, Fontenelle non plus; mais Voisenon y vient, Facarony aussi, La Chaussée aussi, Danchet aussi, d'Auvigny aussi. Les grands écrivains, non, mais les petits, oui, —

avec quelques avocats et quelques médecins autour, petits également. Le *Café de Madrid* est le chef-lieu de Landerneau, la ville spéciale des *potins* artistiques et littéraires.

Vous rappelez-vous Jasmin, le secrétaire des quatre Facardins, qui s'amusait tout le long de son chemin à recueillir des chiffons de mémoires et à faire sur toutes les billevesées qu'il entendait des fatras de remarques que le vent emportait ? Eh bien ! ces aimables papoteurs du *Café de Madrid* sont autant de secrétaires des quatre Facardins ; ils colligent et colportent toutes les nouvelles, tous les cancans, toutes les médisances que chaque matin voit éclore dans leur Landerneau. A les entendre ainsi, entre la poire et le fromage, — car on déjeune au *Café de Madrid*, et on y déjeune même bien, — à les entendre ainsi faire et défaire les réputations, décerner des brevets de capacité et des bonnets d'âne, on croirait vraiment qu'il n'y a pas dans le monde autre chose que des journaux, et d'autres gens que des journalistes. Comme le mulet de la Fontaine,

> Qui ne parlait incessamment
> Que de sa mère la jument,

ils ne parlent que de la littérature, leur nourrice, dont ils ne se font pas faute d'égratigner le sein et de déchirer le cœur, en se méprisant les uns les autres avec la plus grande cordialité. Le marquis Tarte-à-la-Crème, de la Critique de l'*École des Femmes*, ne disait pas plus volontiers : « Détestable, morbleu ! détestable ! du dernier détestable ! ce juron appelle détestable ! » Ah ! s'ils voulaient mettre une sourdine à leurs papotages aigres-doux, leur voisinage ne serait pas trop désagréable, car s'ils ont de la méchanceté, ils ont aussi de l'esprit, — et l'esprit n'est pas une denrée si commune qu'on en doive faire fi.

L'heure de l'absinthe est aussi curieuse que l'heure du déjeuner au *Café de Madrid* : c'est à voir. Ce qui n'est pas moins à voir, c'est la terrasse dudit café, de onze heures du soir à une heure du matin : des essaims de jeunes beautés — qu'il ne faut pas beaucoup d'imagination pour appeler des *belles de nuit*, — se rangent en espalier sur cette terrasse où, sous prétexte de prendre une glace ou une bavaroise, elles attendent que des cavaliers galants leur offrent le bras pour les accompagner jusqu'au prochain Bignon. Cela s'appelle *lever les hommes du souper*, — et il est à remarquer que ce sont les hommes les mieux élevés qui sont le mieux levés : c'est si intéressant une femme seule, — une jolie femme !

J'ai passé sous silence deux ou trois cafés du boulevard Montmartre, situés du même côté que le précédent, à savoir, le *Café du Cercle*, le *Café Garen* et le *Café Maza-*

la, parce que je n'aurais rien pu dire d'eux que ce que je viens de dire du *Café de Suède* et du *Café de Madrid*. Comme tous les cafés du boulevard, ils ont leurs habitués de la journée et leurs espaliers féminins de la soirée.
J'excepterai cependant

LE CAFÉ DE LA PORTE-MONTMARTRE

à l'angle du boulevard et de la rue Montmartre : je n'ai jamais vu de *belles de nuit* autour des tables de sa terrasse. L'endroit ne leur est pas plus défendu qu'ailleurs, mais, avec leur tact profond, elles comprennent que ce côté du boulevard n'est pas aussi galant que l'autre, et qu'elles y feraient chou-blanc. Les choux-blancs, mauvaise nourriture pour des personnes aussi délicates !

Nous voici au boulevard Poissonnière, où se trouvent quelques restaurants et fort peu de cafés, si ce n'est

LE CAFÉ FRONTIN

dont la bière jouit depuis longtemps d'une putation qui ne vaut pas aujourd'hui celle des bocks du *Café du*

Grand-Balcon. Mais allez donc dire cela aux gens qui s'obstinent à y courir, sur la foi de cette vieille réputation pendant si longtemps justifiée ! Allez donc essayer de leur faire comprendre que vous ne dépréciez pas l'un, mais que vous appréciez davantage l'autre ! Une nuance !

Si, du boulevard Poissonnière, nous passons au boulevard Bonne-Nouvelle, nous y voyons

LE CAFÉ FRANÇAIS

à l'angle du faubourg Poissonnière et du boulevard, — un café historique. A cause de son passé, je lui devais un salut; que ceux qui lui doivent autre chose le lui payent.

Je ne m'arrête pas aux autres cafés de ce boulevard, pas plus qu'à ceux des boulevards suivants. La notoriété leur manque, et peut-être autre chose aussi. D'ailleurs, je n'en finirais pas si je voulais consacrer même une simple mention d'une ligne à chacun de ceux qu'il plaît au génie de la spéculation d'ouvrir chaque matin aux quatre coins de Paris, et j'ai le devoir de finir comme j'ai commencé : par les principaux, par ceux qu'une sorte de popularité a consacrés, à tort ou à raison. Par exemple,

LE CAFÉ DE LA PORTE-SAINT-MARTIN

contemporain et voisin du théâtre dont il porte le nom.

Les habitués de ce café ont été, de tout temps, d'abord les acteurs et les employés du théâtre, pères nobles et moucheurs de chandelles, traîtres et chefs de claque, puis les auteurs dramatiques, puis les spectateurs du soir, puis d'autres gens. C'est encore aujourd'hui la même chose.

J'en dirai autant de son voisin,

LE CAFÉ DE L'AMBIGU

qui a pour habitués ses acteurs et ses employés, et, pendant les entr'actes, ceux des spectateurs à qui une orange ou une pomme ne suffit pas pour apaiser la soif que le drame de la soirée a allumée en eux.

Je n'entends pas déprécier les consommations qu'on sert là et qui valent les consommations réservées, dans tous les cafés de théâtres, au public des entr'actes, mais je conseillerai toujours à ce public de se donner la peine de traverser le boulevard et d'aller de l'autre côté s'installer devant un bock d'excellente bière, dans l'une des deux petites brasseries qui se trouvent en face du théâtre de la Porte-Saint-Martin.

En remontant le boulevard, jusqu'à la hauteur du Château-d'Eau, nous rencontrons

LE GRAND CAFÉ PARISIEN

une halle immense, dorée sur tranches, où il y a une trentaine de billards et une centaine de garçons aux ordres de Sa Majesté la Foule.

Je ne vous étonnerai pas en vous disant que le public de ce gigantesque café, le plus grand de tout Paris, je crois, ne ressemble en rien au public des cafés précédemment nommés.

LE CAFÉ TURC

sur le boulevard du Temple, par lequel je veux clore cette énumération des cafés des boulevards.

Il me reste maintenant à citer, au hasard de ma plume et au pas de course,

LE CAFÉ DES ARCADES

sur la place de la Bourse. C'est le Café du *Stock-Exchange*. Sa population est presque exclusivement composée de gens qui vivent de la Bourse, agents de change, courtiers, coulissiers, spéculateurs, agioteurs, acheteurs, vendeurs, etc. A quelque heure que vous arriviez dans ce café, vous êtes assuré d'y voir des physionomies affairées et d'y entendre des conversations métalliques qui n'ont aucun rapport avec celles que vous pourriez entendre au *Café des Variétés* ou au *Café de Madrid*. Ne croyez pas qu'on s'occupe là d'art ou de religion, de science ou de philosophie, d'amour ou même de commerce, d'affaires particulières ou même d'affaires publiques. Pour les gens de Bourse, les affaires publiques c'est la hausse ou la baisse des fonds, et, tout comme pour les épavistes des côtes de Guisseny, la tempête fait leur fortune et le temps calme leur ruine.

On sort du *Café des Arcades* ahuri, ébaubi, halluciné, et pendant quelques nuits on rêve de toutes sortes de choses incohérentes, on achète et on revend force actions de la chaudronnerie parisienne, des mines de Mouzaïa, des verreries de Sainte-Aldegonde, des ardoisières de

Saint-Jacques de Compostelle sables du Mançanarès,
— et autres brouillards de l[...] [...]e.

LE CAFÉ DU V[AUDEV]ILLE

Le café du théâtre où M. Gabriel Hugelman a fait un si beau *four* avec son *Nouveau Cid*, et où M. Victorien Sardou fait de si belles recettes avec sa *Maison neuve*. Comme dans tous les cafés de théâtre, on y voit beaucoup d'acteurs, d'auteurs et quelques entrepreneurs de succès.

LE CAFÉ DE LA BOURSE

C'est le voisin de Susse. Il vaut mieux, sous quelques rapports, que le *Café du Vaudeville*, et ses habitués participent un peu de ceux du *Café des Arcades;* mais, si l'on y parle l'argot de la *corbeille*, du moins on n'y joue pas au billard, et c'est quelque chose : on peut y lire son journal en paix.

LE CAFÉ DU PALAIS-ROYAL

Il a un autre nom, mais un nom trivial qu'il doit à sa proximité du seul théâtre où l'on sache encore rire à gilet déboutonné, et à sa situation à l'angle de la rue Beaujolais et de la rue Montpensier, au pied d'un escalier-passage qui va à la rue Richelieu.

Quel nom? me demanderont les curieux — trop curieux. Me voilà fort embarrassé. Non que ma plume soit bégueule et qu'elle se refuse d'elle-même à tracer ici quelques lettres de plus ou de moins; mais c'est qu'en vérité j'ai l'honneur d'être lu par des esprits délicats que la trivialité des mots offusque autant que la trivialité des choses, et, à cause d'eux, j'hésite. D'un autre côté, je connais le mot de Duclos et je reconnais sa justesse : « On peut tout dire devant des femmes honnêtes » — et, à plus forte raison, devant des hommes honnêtes; mais, à raconter certaines choses et à lâcher certains mots, on n'en est pas moins exposé, comme Duclos, à s'entendre dire : « Vous nous prenez pour des femmes — ou pour des hommes — par trop honnêtes. »

On devinera du reste le nom réel du *Café du Palais-Royal* en s'asseyant à une des tables de sa terrasse et en regardant machinalement dans la direction du théâtre pendant un entr'acte, où l'on verra alors

« La foule à flots pressés, inonder les portiques. »

LE CAFÉ LEMBLIN

Il était jadis au rez-de-chaussée de la maison dont il occupe aujourd'hui le premier étage, à côté des *Trois Frères Provençaux*. Autrefois, c'est-à-dire sous l'Empire et sous la Restauration, sa clientèle habituelle se recrutait parmi les officiers militaires; aujourd'hui, il a une clientèle presque exclusivement composée de *pékins*, au milieu desquels tranchent, les jours de sortie, quelques uniformes de polytechniciens. On y joue à tous les jeux, et on y est assuré d'y boire, en tout temps et à toute heure, un café auquel ni Voltaire ni Balzac n'eussent trouvé rien à dire.

LE CAFÉ DE LA ROTONDE

Un des derniers qui aient conservé les saines et primitives traditions. On y lit, on y consomme, sans être exposé à être interrompu dans sa lecture ou troublé dans son absorption par des disputes de joueurs de piquet ou par les dés des joueurs de jacquet. On n'y fume pas plus qu'on n'y joue. Les consommateurs qui tiennent absolument à fumer s'installent extérieurement, dans le jardin du Palais-Royal, sur la *terrasse* qui entoure la Rotonde vitrée qui a donné son nom au café.

L'ESTAMINET HOLLANDAIS

Installé depuis longtemps au premier étage de la galerie Montpensier. C'est le rendez-vous ordinaire des élèves de Saint-Cyr. Des billards, beaucoup de fumée, et une odeur très-prononcée de punch à la romaine.

LE CAFÉ DES MILLE-COLONNES

Un peu moins militaire que le précédent. Des billards et un public sans cesse renouvelé. Les rêveurs auraient tort d'y aller, car ils ne s'y entendraient pas rêver.

LE CAFÉ DE L'UNIVERS

Situé à l'angle de la rue Saint-Honoré et de la rue de Rohan. Très-beau café, dont la clientèle se compose autant de passants que d'habitués, la plupart d'un âge raisonnable. Peut-être, malgré la grâce de sa dame de comptoir et l'empressement de ses garçons de service, se ressent-il du voisinage d'un café plus célèbre que lui, qui date seulement de quelques années.

LE CAFÉ DE LA RÉGENCE

C'est le temple du *gambit*. On n'y parle pas, je crois même qu'on n'y consomme pas : on y pousse le bois!
Il était autrefois sur la place du Palais-Royal, et il espérait bien y rester éternellement. Mais les embellissements et les agrandissements de Paris ont commencé par ce quartier-là, et, la place du Palais-Royal ayant été démolie, le *Café de la Régence* l'a été par la même occasion, au grand chagrin des joueurs d'échecs, obligés de trans-

porter leurs pénates d'ivoire à cinquante mètres de là, rue Saint-Honoré.

Très-curieux, le *Café de la Régence* actuel, très-curieux.

LE CAFÉ DU DANEMARK

Situé rue Saint-Honoré, entre la rue de Valois et la rue des Bons-Enfants. Je le signale à cause de sa très-riche collection de journaux étrangers, de journaux allemands surtout.

LE CAFÉ DU RAT MORT

Tout au haut du quartier Breda, sur la place Pigalle. Il porte sur son enseigne une désignation plus simple, tirée de sa situation topographique, mais il est généralement plus connu sous celle-ci, tout étrange qu'elle paraisse — et qu'elle soit en réalité.

Pourquoi *Café du Rat mort?* Son propriétaire ne le saurait expliquer, et ses habitués les plus anciens seraient aussi embarrassés que lui pour répondre si on les interrogeait là-dessus. C'est un café sans luxe et sans confortable qui ne doit l'étrange réputation dont il jouit qu'aux « aimables hétaïres » qui en font le plus bel ornement. Il y en a là chaque soir une douzaine au moins, des blondes, des brunes et des rousses, fumeuses de cigarettes et joueuses de mistron, amies du plaisir et des garçons d'esprit, — elles se donnent le luxe d'aimer *pour de vrai*, comme Manon Lescaut, leur grand'mère, aimait Desgrieux, le grand-oncle de leurs Arthurs. C'est de la folie, ou tout au moins de l'imprudence, mais cela les change ; elles se plaisent à avoir à leur tour des *toquades*, elles pour qui tant d'hommes se *toquent* si volontiers.

LE CAFÉ JEAN GOUJON

Rue Fontaine, est aussi, mais plus encore que le *Rat mort*, le rendez-vous des engagées volontaires de la grande armée des cocottes. Le *Café Jean Goujon* est au *Rat mort* ce que dix est à un, ce qu'Alexandre Dumas est à Ponson du Terrail : c'est plus grand, plus étoffé, plus grouillant, particulièrement de sept heures du soir à minuit.

De sept heures du soir à minuit, en effet, on voit les tables, jusque-là garnies seulement de messieurs seuls, se peupler de jolies filles à vastes crinolines et à forts chignons, maquillées, cela va sans dire, qui donnent à la salle une animation, un pittoresque, un accent qu'avant leur arrivée on ne lui aurait pas soupçonnés. Et les chopes, les grogs, les chartreuses, de se succéder avec rapidité.

LE CAFÉ COQUET

Sur le boulevard Pigalle, à l'angle de la rue Amélie, est plus encore que le *Café Jean Goujon* le rendez-vous de la Bohême galante de cette partie de Paris. Je le déclare même beaucoup plus intéressant à explorer que les autres établissements du même genre.

Au *Rat mort* il n'y vient pas d'autres hommes que des artistes et des gens de lettres, — si ce n'est quelques avocats et quelques guerriers à demi-solde. A *Jean-Goujon*, beaucoup d'artistes aussi, quelques photographes, et fort peu de gens de lettres, mais quelques *messieurs*, trois ou quatre, mettons-en vingt, — de ces *messieurs* qui composent presque exclusivement la clientèle de Coquet. Proprement mis, du reste, ces messieurs-là, pommadés, astiqués, brossés, reluisants, tout battants neufs. A quelle catégorie sociale appartiennent-ils ? Ils ne sont ni peintres, ni sculpteurs, ni journalistes, ni ouvriers, ni rentiers...

LE CAFÉ DES PORCHERONS

Place Cadet, est aussi caractéristique que le *Café Coquet* et le *Café Jean-Goujon*, et j'aurais tort de l'oublier après avoir nommé ceux-ci. Mais comme ce que j'aurais à dire du *Café des Porcherons* serait, à peu de chose près, la répétition naturelle de ce que j'ai dit plus haut, je m'abstiens pour ménager mon papier, que j'ai à remplir de tant de renseignements encore.

De même pour

LA BRASSERIE DES MARTYRS

Qui fut jadis un pandémonium fameux, une *trink-hall* où se coudoyaient les gloires en herbe, artistes et poëtes, bohêmes et rapins, et qui n'est plus aujourd'hui que l'ombre d'elle-même.

Autrefois — je parle d'une douzaine d'années — on s'écrasait, littéralement, dans cette brasserie, où l'esprit coulait à flots comme la bière, celle-ci bonne et celui-là passable. Henri Murger régnait alors! Alors les Mimis pullulaient, et elles ne contribuaient pas peu à la gaieté de l'établissement. Ah! les belles flammes qui s'allumaient là chaque soir dans les cervelles et dans les cœurs! Qu'en reste-t-il aujourd'hui? Des cendres sur lesquelles on soufflerait en vain. La *Brasserie des Martyrs* débite toujours de la bière, mais on n'y consomme plus d'esprit. Les bohèmes et les rapins ont brisé leurs chrysalides et sont devenus des journalistes brillants et des artistes de talent; ceux qui ne sont pas arrivés à être connus sont morts à mi-chemin. Quant aux Mimis, envolées

Vers les horizons bleus des robes de satin!...

La Brasserie des Martyrs a changé de public; il a, mais en moins grande quantité, le même que

LA BRASSERIE DU QUADRILATÈRE

sa rivale heureuse. Ce qu'il y a là, vers l'heure de l'absinthe, qui est celle du dîner, et, dans la soirée, vers l'heure du... souper, de cocottes en rupture de boulevards, est inénarrable. Les Arthurs dominent, et les gandins sérieux aussi. Pas d'artistes, pas de journalistes, — rien que des auvergnats et des auvergnates de Cythère.

Annexé à la *Brasserie du Quadrilatère* est un tir au pistolet, à propos duquel se font des plaisanteries de fort calibre que les amateurs devraient bien varier un peu, afin de les rendre moins agaçantes.

LE CAFÉ D'ORSAY

Cette fois, nous sommes sur la rive gauche, à l'extrémité du pont Royal, à l'angle de la rue du Bac. Alfred de Musset y venait déjeuner ; MM. les officiers de la caserne du quai d'Orsay y viennent prendre leur café, — quelques magistrats aussi. On y est à son aise et, de plus, assuré de ne pas y rencontrer de gens tapageurs, ou canailles, qui y seraient tout à fait dépaysés.

Même observation concernant

LE CAFÉ DESMARES

situé dans la rue du Bac, à l'angle de la rue de l'Université, et côte à côte avec les magasins du *Petit Saint-Thomas*. Même silence, même aspect solennel et confortable, même absence de joueurs de billard et de jacquet.

Trop de silence, trop de solennité. Sont-ce des ombres ou des personnes vivantes qui déjeunent là, qui lisent les journaux, qui prennent leur café? Je serais tenté de croire que ce sont des ombres appartenant à la Cour des Comptes ou au Palais Bourbon.

LE CAFÉ PROCOPE

L'aïeul de tous les cafés parisiens. Il y a longtemps qu'il est à la même place, rue de l'Ancienne-Comédie, en face du restaurant Dagneaux. Les gens de lettres d'autrefois l'affectionnaient, et ils ont dépensé là autant d'esprit que dans leurs livres. Les gens de lettres d'aujourd'hui le dédaignent, et c'est fâcheux, parce qu'aujourd'hui comme autrefois, c'est l'endroit le plus commode qui soit pour lire, pour méditer, pour se souvenir, à l'abri des joueurs de billard et des tapageurs.

On y voit encore la table de Voltaire.

LE CAFÉ DE L'EUROPE

Il est situé au carrefour de l'Odéon, à l'angle de la rue de l'École de Médecine. Il a un rez-de-chaussée et un entre-sol ; le rez-de-chaussée est réservé aux consommateurs silencieux, des étudiants cependant ; l'entre-sol est affecté aux consommateurs bruyants, des étudiants aussi, amis du billard et des coudées franches. Ça ne veut pas dire qu'on ne fasse pas quelquefois beaucoup de bruit au rez-de-chaussée et que l'entre-sol ne soit pas, par moments, silencieux comme La Trappe. Quelques gens de lettres s'y mêlent aux étudiants.

LE CAFÉ TABOUREY

A l'angle de la rue Molière et de la rue de Vaugirard. Il est partagé en deux compartiments : le premier, le plus grand, où les gens respectables du quartier viennent sommeiller ; le second, très-petit, qu'on appelle le fumoir, où quelques jeunes philosophes du quartier viennent s'entretenir des affaires du temps, — affaires politiques et affaires littéraires. C'est la crèche où naquit la renommée de M. Ponsard.

LE CAFÉ DE BRUXELLES

est le café qu'alimentent les entr'actes du théâtre de l'Odéon. Quelques gens de lettres et un certain nombre d'étudiants l'honorent de leur présence pendant la journée. Les consommations y ressemblent à celles de tous les cafés de théâtres.

LE CAFÉ VOLTAIRE

à l'angle de la rue de l'Odéon et de la place de ce nom, est un autre café de Bruxelles — plus convenable. Plus d'étudiants que de gens de lettres, avec quelques rentiers autour. Le soir, le public des entr'actes.

Je crois en avoir fini avec les Cafés de Paris. Je ne les ai pas nommés tous, je ne le pouvais ni ne le voulais, — un volume entier y suffirait à peine : j'ai seulement mentionné les principaux, ceux qui m'ont paru dignes d'intérêt et de curiosité, soit par leur histoire, soit par leur public. Les étrangers, en se promenant, feront le contrôle de mes observations par leurs remarques personnelles, et j'espère qu'ils constateront que mes tableaux sont fidèles, s'ils ne sont pas peints de main de maître.

J'ai dédaigné de grossir cette nomenclature par la mention de cafés excentriques, plutôt des cabarets que des cafés, — cabarets à bière et à vin. Ce sont pour ainsi dire les verrues de mon sujet, et tous les lecteurs n'aiment pas les verrues, tous n'ont pas la curiosité malsaine. Que si, cependant, à quelques-uns d'entre eux, il plaisait de voir ce que je n'ai pas voulu leur montrer, qu'ils se servent alors pour cela du Guide spécial dont je leur ai donné précédemment le titre.

Restaurant Ledoyen (avenue des Champs-Élysées).

IV

RESTAURANTS.

L'art de bien vivre n'est peut-être pas l'art de vivre longtemps, mais je trouve que ses avantages compensent largement ce petit inconvénient. La brièveté ou la longueur de la vie humaine ne sont que des mots sans aucune signification. Celui-là vit le plus qui jouit le plus, — et par jouissances, j'entends les plus délicates et les plus exquises, qui sont, paraît-il, les plus perfides.

Les jouissances de la table sont au nombre de celles-là, mais il faut être *né* pour les comprendre et se les procurer. On devient gourmand, mais on naît gourmet, et je ne serai contredit par personne, je pense, en affirmant qu'il n'y a de gourmets véritables qu'à Paris, parce qu'à Paris seulement se trouvent les Laguipierre, les Lasnes, les Boucher, les Robert, les Carême et les Vidalein; si à Paris se trouvent les Cambacérès, les Grimod de la Reynière, les Berchoux, les Brillat-Savarin, les marquis de Cussy et les Véron. Ce sont les gastronomes émérites qui font les excellents cuisiniers, — et les uns et les autres sont rares.

« Que de choses dans un menuet! » s'écriait Marcel, le maître de danse. Moins que dans un dîner! Un dîner! un poëme dont le premier chant est le potage et dont le café est l'épilogue! Oui, un poëme, — et en *verres* encore! Tout le monde ne saurait pas l'écrire, peu de gens sauraient le lire. Il en est des choses de l'estomac comme des choses de l'esprit : un souper de trois ou quatre plats choisis vaut mieux qu'un repas où l'on vous en sert une douzaine, de même qu'une ou deux pages de Saint-Évremond sont préférables aux cinquante volumes de La Calprenède ou de l'abbé Prévost. « Dîner est tout, disait un jour Hoffmann, le reste n'est qu'un trop long entr'acte d'une représentation toujours trop courte. Dîner est le but des actions humaines; c'est pour dîner que les hommes travaillent en tout sens; c'est pour dîner lui-même que le restaurateur nous fait dîner, que le navigateur s'expose aux tempêtes, que le soldat brave la mort, que le courtisan agite l'encensoir, que le tartufe nous prêche l'abstinence. Je me suis fait souvent cette question : *Qu'est-ce que la vie?* C'est le dîner. » Le dîner, — et le déjeuner, — et le souper.

Art noble entre nous que l'art de la table, — en dépit de la goutte et de la dyspepsie, qui en sont la conséquence naturelle, comme tant d'autres infirmités la conséquence de tant d'autres passions. Est-ce que vous croyez, par exemple, que l'amour n'a pas aussi sa dyspepsie et l'ambition sa goutte? Mézeraï avouait que la sienne lui venait autant de la *fillette* que de la *feuillette*. Qu'importe! Aimons, mes frères, — et dînons! Dînons bien et aimons de même. Le reste n'est rien...

En vous disant tout cela, que vous savez aussi bien que moi, monsieur et cher Étranger, je ne vous apprends rien, et, sans doute, le moindre renseignement culinaire ferait bien mieux votre affaire. Je vais donc, pour vous être agréable, me mettre en devoir de vous signaler, au fil de la plume et de mes souvenirs, ainsi que j'en ai déjà agi à propos des Cafés, les restaurants les plus en renom de Paris, avec leurs qualités et leurs défauts, leurs plats et leurs vins caractéristiques, j'ai l'estomac et le palais aussi rancuniers que reconnaissants : ils gardent aussi bien la mémoire des mauvaises choses que des bonnes.

Peut-être serait-il nécessaire de diviser les temples consacrés au dieu Gaster en restaurants où l'on déjeune, en restaurants où l'on dîne et en restaurants où l'on soupe, — restaurants ou cafés, — car, à Paris, ces trois catégories d'établissements existent bien tranchées. Mais cette division aurait peut-être aussi l'inconvénient de dérouter les chercheurs, en leur faisant croire que l'on ne déjeune pas dans les endroits où l'on soupe, et que l'on ne soupe pas dans les endroits où l'on déjeune, — ce qui n'est pas toujours exact. Il vaut mieux les appeler à tour de rôle, escortés des critiques et des éloges recueillis sur eux, avec la plus sévère impartialité.

LE MOULIN-ROUGE

Le rendez-vous des parties fines, le *Moulin de Javelle* moderne. On voit fréquemment des voitures discrètes s'arrêter devant cette petite maison hospitalière du rond-point des Champs-Élysées, et, de ces voitures, descendre furtivement des couples élégants, soit une cocotte huppée avec un monsieur de la haute société parisienne, soit quelquefois une dame de cette haute société avec quelque artiste gandin : il faut bien croiser un peu les races !

Quoique tout restaurant où l'on vient exclusivement pour causer d'amour et d'eau fraîche pourrait se dispenser d'avoir une bonne cave et un bon chef, Lourdin, le propriétaire du *Moulin-Rouge* et le beau-frère de Delhomme, tient au contraire à honneur de servir sur ses tables les meilleurs vins et les meilleurs plats. Le *Moulin-Rouge* est une maison de premier ordre; on y déjeune et on y dîne excellemment, quand le cœur ne fait pas tort à l'estomac.

LE RESTAURANT LEDOYEN

C'est le pendant du *Moulin-Rouge*, de l'autre côté de l'avenue des Champs-Élysées. On déjeune et on dîne aussi bien chez Balvez que chez Lourdin; c'est pour ainsi dire la même cave et la même cuisine. Seulement on ne craindra pas de venir s'enfermer ici, en cabinet particulier, avec sa femme. Une nuance!

LE RESTAURANT MONGROL

Avez-vous entendu parler jadis du restaurant Ravel, au rond-point de l'arc de triomphe de l'Étoile, à l'endroit où commence aujourd'hui l'avenue de l'Impératrice? Ce cabaret, raconte Villemot, marquait il y a vingt ans les colonnes d'Hercule de l'excursion parisienne. C'était une résolution grave d'aller dîner chez Ravel. On en parlait la veille; on s'y préparait le matin, et, le soir, de retour à Paris, on avait les airs éreintés d'un homme qui revient de la Palestine. Le dimanche, des colonies de petits bourgeois entreprenaient à pied ce pèlerinage fabuleux, et c'était toute la semaine le récit de l'arrière-boutique. Temps naïfs, qui nous rappellent bien des semelles de bottes accommodées aux pommes de terre, et dissimulant mal l'empeigne du bifsteck; car ce Ravel était, après Castaing et Palmer, un des plus grands scélérats de son siècle. On dit qu'il est mort sans faire de révélations; mais je l'attends au jugement dernier, quand il lui sera dit : « Avancez, Ravel, et répondez : Que mettiez-vous dans vos sauces, et d'où tiriez-vous ces poulets qui n'avaient ni ailes, ni cuisses, mais de simples carcasses en parchemin ? » Je vois d'ici Ravel, tournant son bonnet de coton entre ses doigts, et s'efforçant de persuader à son juge qu'il a toujours donné aux Parisiens une nourriture saine et abondante.

Aujourd'hui Ravel n'est plus. Orry lui a succédé. Aujourd'hui le *Restaurant Mongrol*, tenu par Orry, est une des meilleures maisons de Paris comme cave et comme cuisine. On y trouve, entre autres, un certain chablis introuvable ailleurs, — un chablis pour lequel je donnerais tous les meursault, tous les pouilly et tous les montrachet de la Bourgogne.

LE PAVILLON D'ARMENONVILLE

Les journaux ont fait beaucoup de réclames à ce restaurant si bien situé en plein Bois de Boulogne. *Le Figaro*, notamment, dont la rédaction faisait d'assez fréquentes incursions dans les salons de Leblond, a dépensé, pendant un an, de son esprit le plus fin pour donner au *Pavillon d'Armenonville*, dans chacun de ses numéros, un éloge nouveau, original. Malgré cela, et malgré la vogue qui n'a jamais abandonné ce restaurant, j'ose lui préférer les maisons d'un ordre supérieur précédemment mentionnées. Madame veuve Leblond continue la tradition laissée par son mari, et ses hôtes ne s'en plaignent pas; mais, encore une fois, je préfère le *Moulin-Rouge* ou le *Restaurant Ledoyen*.

Ce que le *Pavillon d'Armenonvil'e* a pour lui, par exemple, c'est son admirable situation.

MADRID

Autre *Pavillon d'Armenonville*, dans le même Bois de Boulogne et dans la même admirable situation. La clientôle est la même aussi, — peut-être avec moins de cocottes et de gandins, gens très-difficiles d'ailleurs, mais qui ne reconnaissent pas toujours le coulanges du pomard, le léoville du château-laffitte, le condrieux de la côte-rôtie, le bas-barsac du haut-barsac. Mais qu'importe! Les arbres sont verts, les oiseaux chantent dans les ramures, et on a beau être cocotte et gandin, on se laisse volontiers griser par tous ces parfums et par toutes ces chansons qui entrent par les fenêtres des cabinets particuliers.

Il y a entre ces deux restaurants bocagers une nuance en faveur de *Madrid*. Telle est du moins l'impression qui m'en est restée.

LE RESTAURANT GILLET

Je ne crois pas qu'il ait jamais eu d'annonces dans les journaux, ni de réclames dans *le Figaro*, ce restaurant; mais cela ne l'empêche pas d'être une bonne petite maison, d'une cave et d'une cuisine suffisantes. La fricassée de poulet à la bourgeoise y est remarquablement travaillée, — et la fricassée de poulet à la bourgeoise, pour n'être pas un mets royal, est une des entrées les plus saines que je connaisse.

LE CAFÉ DURAND

Une des meilleures maisons de Paris, cave et cuisine, établie solidement sur la place de la Madeleine. On y soupe peu, si l'on y soupe, mais on y déjeune et on y dîne excellemment. La clientèle de Lequien, le propriétaire actuel du *Café Durand*, est une des plus aristocratiques. C'est au *Café Durand* que Meyerbeer traitait ses hôtes quand il invitait à déjeuner ou à dîner.

Au *Café Durand*, on accommode la carpe au bleu comme nulle part ailleurs, d'après la recette laissée par Grimod de la Reynière, et on vous sert un bordeaux blanc, de l'Yquem, qui me donne soif rien que d'en parler.

LE CAFÉ DE LA PAIX

C'est le restaurant du Grand Hôtel, — un excellent restaurant. On y déjeune, on y dîne et on y soupe. La clientèle, pour être assez variable, n'en est pas moins généralement distinguée. Les gens de lettres s'y aventurent peu, ainsi que les cocottes; cependant on y rencontre parfois des unes et des autres, — les autres ennuyés, les unes gênées. Chacun son cabaret.

HILL'S TAVERN

Un café qui, le soir, se change en restaurant. Quelques Anglais, fidèles à leur nourriture nationale, y viennent bien, le matin, déjeuner de quelques tranches de jambon d'York arrosées de quelques verres de pale-ale, ou, dans l'après-midi, *luncher* de sandwichs arrosées de quelques tasses de thé; mais c'est surtout à la fin de la soirée, vers minuit, que les soupeurs et les soupeuses, parisiens et parisiennes, envahissent la taverne d'Hill, le rez-de-chaussée et l'entre-sol. L'invasion a des flots si abondants et si tumultueux que souvent on est forcé de leur fermer la porte au nez, et qu'on voit alors sur le trottoir du boulevard des Capucines une queue de désappointés aussi grande que celle dont s'encombre le trottoir du boulevard Montmartre lorsqu'on joue *la Belle Hélène*.

Heureusement, s'il est avec le ciel des accommodements, il en est aussi avec les garçons qui se tiennent aux écoutes derrière les devantures du cabaret : grâce à un discret et mystérieux *Shakespeare*, ou *Caldéron*, ou *lord Byron*, jeté à travers les volets, une porte s'entrebâille et laisse entrer les initiés. Cela ne veut pas dire, assurément, pour les garçons, que monsieur Shakespeare, ou monsieur Caldéron, ou monsieur Byron, las de faire le pied de grue sur le trottoir, sollicite la faveur de s'asseoir en face d'une pinte de porter et d'une tranche d'*ham* : cela signifie tout simplement que les visiteurs qui heurtent aussi indûment à l'huis de la taverne sont des soupeurs, ornés de soupeuses, qui sont déjà venus souper dans les cabinets particuliers de l'entre-sol, et qui veulent y souper de nouveau.

Car les cabinets particuliers d'*Hill's Tavern* ont cela de particulier que chacun d'eux — il y en a environ une douzaine, est placé sous l'invocation d'un grand homme, d'un grand poëte anglais, ou espagnol, ou allemand, ou italien, ou français, dont le portrait se trouve peint sur la porte en guise de numéro. Pauvre Shakespeare! pauvre Caldéron! pauvre lord Byron! ils en entendent de laides, s'ils en voient de belles...

LE CAFÉ ANGLAIS

dont j'ai parlé précédemment, se change aussi, vers minuit, en restaurant; et est aussi, à cette heure indue, envahi par d'épaisses cohortes de soupeuses escortées de soupeurs.

Je comprends la faveur dont jouit le *Café Anglais* parmi

le monde de la haute bicherie et des viveurs : il a un excellent cuisinier et une excellente cave. On va souper chez Hill quand on n'a pas faim et qu'on veut décoiffer quelques bouteilles de champagne et quelques drôlesses de bonne composition; mais au *Café Anglais*, on s'attable d'abord pour souper, afin de faire honneur aux savoureuses écrevisses à la bordelaise de l'endroit et aux non moins savoureuses bouteilles de château-laffitte et de branne-mouton dont il y a ample réserve. Après, on verra! Le premier étage, où se passent ces agapes, est garni du piano de rigueur, — un Pleyel qui a eu des malheurs, ou un Erard retour de l'hôtel Drouot : entre deux verres de Cliquot ou de Bouzy rouge, une des invitées viendra s'y asseoir et jouera le *Bu qui s'avance* ou la valse d'Arditi avec ou sans accompagnement.

Les soupeurs de *Hill's Tavern* appartiennent à tous les mondes parisiens, mais l'élément littérature y domine; les soupeurs du *Café Anglais* n'appartiennent qu'au monde des petits jeunes gens qui ont leur gourme à jeter par les fenêtres — avec la fortune paternelle ou avunculaire. Les soupeuses d'*Hill's Tavern* sont des pêches à trois et à six sous tout au plus; les soupeuses du *Café Anglais* sont les têtes de colonne du régiment de Royal-Cocotte, — le dessus du panier de la galanterie parisienne.

LE RESTAURANT BIGNON

On démolit beaucoup en face de lui et autour de lui, mais lui ne bouge pas. Voilà des années et des années qu'il est à la même place, à l'angle de la Chaussée d'Antin et du boulevard, — une sorte de promontoire de la Lucanie, où les sirènes parisiennes chantent chaque soir leur petite chanson provocatrice aux oreilles des passants dont le gilet chante à leurs yeux un harmonieux refrain. Voilà des années et des années que les fourneaux des Bignon, — Bignon aîné d'abord, puis Bignon jeune, — brûlent sans pouvoir parvenir à s'éteindre, grâce aux Vestales à barbe qui se chargent d'en entretenir le feu.

On déjeune, on dîne et l'on soupe chez Bignon, en bas et en haut, dans la salle dorée sur tranches du rez-de-chaussée et dans les petits salons particuliers de l'entresol. Mais je crois qu'on y soupe plus encore qu'on n'y dîne et qu'on n'y déjeune, et, en tout cas, le monde des soupeurs ne ressemble pas à celui des déjeuneurs ni à celui des dîneurs.

Je viens de faire l'éloge de la cave de Delhomme, le propriétaire du *Café Anglais*, que dirai-je donc de celle de Bignon jeune? Si l'u un château-laffitte et un branne-mouton remarquables, l'autre a du saint-péray, du château-margaux, du saint-émilion et du romanée comme on n'en fait plus beaucoup aujourd'hui, — sans compter, bien entendu, ses pomard, ses pouilly, ses grusau-larose, ses saint-estèphe, ses sauternes, ses champagne : de cent cinquante à deux cent mille francs de vins!

TORTONI

Il faut saluer les illustrations, même lorsque l'enthousiasme du public s'est refroidi à leur égard. Nous sommes loin du temps où le comte d'Orsay, jetant nonchalamment aux mains de son groom les guides de son brillant attelage, franchissait d'un air de suprême élégance les marches du perron de Tortoni, suivi d'autres dandies comme lui ; mais dans ce cabaret de bon ton, malgré l'indifférence générale, aujourd'hui comme il y a vingt-cinq ans, on déjeune toujours convenablement.

LE CAFÉ RICHE

J'en ai parlé comme café, je dois le mentionner comme restaurant. Beaucoup de gens de lettres y déjeunent, beaucoup de gens de lettres y soupent, — ainsi qu'un grand nombre de cocodès et de boursiers. Dans la matinée, on y cause livres et journaux ; à minuit, on y cause sport et report, — panachés de coulisses.

Pour valoir un peu moins que celle de son frère, la cave de Bignon aîné est respectablement fournie de crus authentiques auxquels les gourmets rendent justice ; car au *Café Riche*, on boit encore plus qu'on ne mange. De si petites fourchettes, ces gens de lettres ! Et les gandins, donc ! Je n'ai pas plus grande idée d'eux que le comte de M... de je ne sais quel important fonctionnaire : ils n'ont peut-être jamais mangé de boudin à la Richelieu et ils ne connaissent pas les côtelettes à la Soubise.

Le plat préféré des cocottes qui viennent souper chez Bignon aîné (elles n'y sont pas en majorité comme de l'autre côté du boulevard des Italiens), c'est la sole aux crevettes, qu'elles arrosent volontiers avec du bouzy rouge. Très-bonne, la sole aux crevettes, au *Café Riche !* Très-bon aussi, le bouzy rouge !

Ce que je disais plus haut à propos de Ledoyen et du *Moulin-Rouge*, je le dirai également du *Café Riche* et du *Café Anglais*, son voisin d'en face : dans celui-ci on mène volontiers souper sa maîtresse, et dans l'autre on conduit volontiers dîner sa femme.

N'oublions pas la sauce, la fameuse sauce de ce restaurant, qui n'est ni la sauce au fumet, ni la sauce au blanc,

ni la sauce Robert, ni la sauce au velouté, ni la sauce à
la Béchamel, ni la sauce perlée, ni la sauce au pauvre
homme, ni la sauce à la bonne femme, ni la sauce salmis,
ni ceci, ni cela, — mais qui est tout simplement la sauce
du café Riche et le secret de son cuisinier en chef.

LA MAISON-DORÉE

On s'obstine à l'appeler la *Maison d'Or*, — comme on
s'obstine à appeler la rue Fontaine *rue de la Fontaine
Saint-Georges*, — mais cela ne l'empêche pas d'être un
des excellents restaurants de Paris, où l'on déjeune beaucoup, où l'on dîne énormément, et où l'on soupe encore
plus. Oh! les soupers de la *Maison-Dorée!* ils sont devenus classiques dans le monde des viveurs et des viveuses.
Je crois que nulle part ailleurs on ne soupe autant que
là, — spécialement les nuits des bals de l'Opéra. Les
louis y fondent comme du beurre dans les mains des garçons — et des filles.

Car les filles abondent chez les frères Verdier, —
celles dont l'unique profession consiste à être belles et à
s'en faire une vingtaine de mille francs de rentes, plus
ou moins. C'est même un spectacle curieux, — je ne dis
pas édifiant, — que celui des cabinets particuliers envahis

vers minuit par elles. L'Égypte avait ses sauterelles, la *Maison-Dorée* a ses cocottes. Aussi ne sera-t-on pas étonné d'apprendre qu'on y consomme là un peu plus qu'ailleurs de *coco aristocratique*. Les frères Verdier ne se contentent pas d'avoir une cave qui rivalise avec celle de Bignon jeune, ils ont encore la spécialité du champagne Cliquot, difficile à trouver ailleurs, monopolisé qu'il est par l'Angleterre.

Le vin de Champagne, — Moët, Théophile Rœderer, Bollinger ou Cliquot, — est un vin que calomnient volontiers les gens à qui leurs moyens ne permettent pas d'en boire. On l'appelle *coco aristocratique*, *coco épileptique*, on affirme que c'est un vin fabriqué, — et même que ce n'est pas un vin du tout. Je n'ai pas pour mission de réhabiliter le vin de Champagne, pas plus que Lesurques ou Calas; seulement je trouve mes contemporains bien légers à son endroit, et je souhaiterais, dans leur intérêt plus encore que dans le sien, qu'au lieu de coûter si cher il coûtât bon marché, parce qu'alors au lieu de le calomnier ils le boiraient et se convaincraient de ses précieuses qualités. On est facilement ingrat en France, et on y oublie que le vin de Champagne est le vin national par excellence, puisque, deux siècles avant tous les autres tant vantés, avant le bordeaux et le bourgogne, c'était le vin préféré des princes et des gentilshommes. Le champagne n'est pas un vin, c'est le vin même, et il n'y a que les bourgeois qui le boivent au dessert, les jours de grandes cérémonies : il faut le boire comme on boit le sauternes ou le meursault, comme vin ordinaire, et dès le commencement du repas. Les gens qui déjeunent, dînent ou soupent au champagne ne sont pas des excentriques, comme on le dit lorsqu'on tient à dire une sottise : ce sont des gens amis de leur santé autant que du plaisir, des gens de bon goût qui veulent se conserver un bon estomac.

Vive donc le champagne, rouge ou blanc, — mais blanc et mousseux spécialement! Vivent l'aï et le bouzy, le verzenay et le sillery, le bruyère de Mailly et le vildomanche, le cliquot et le bollinger, le saint-marceaux et le rœderer!

N. B. La meilleure bouillabaisse de Paris se rédige à la *Maison-Dorée.*

LE CAFÉ DU HELDER

J'allais dépasser le boulevard des Italiens sans parler de cet établissement, qui n'est pas, il est vrai, comme la plupart de ceux que je viens de nommer, un établissement de premier ordre, mais qui a une physionomie devant laquelle je dois m'arrêter un instant.

Au rez-de-chaussée, le *Café du Helder* est un café comme beaucoup d'autres, avec cette différence que son public se compose presque exclusivement de saint-cyriens, de polytechniciens en uniforme et d'officiers en bourgeois. Au premier étage, le *Café du Helder* est un restaurant où l'on déjeune, où l'on dîne, où l'on soupe beaucoup et à des prix abordables. Là, comme ailleurs, il y a des cabinets particuliers à côté des salons, où l'on passe, tous les jours, la nuit. Les viveurs riches préféreront peut-être le *Café Anglais*; les gandins, la *Maison-Dorée*; mais les viveurs vraiment viveurs préféreront le *Café du Helder*.

LE RESTAURANT GROSSE-TÊTE

J'en ai déjà dit quelques mots au chapitre précédent, à propos du *Café de Paris*, ancien *Café Leblond*. Si j'en parle de nouveau, ce n'est pas pour le recommander comme restaurant de premier ordre, — ce qui ferait tort à la réputation de gourmet que je n'ai pas encore et que je n'aurai probablement jamais, — c'est seulement pour constater qu'on y déjeune et que l'on y soupe beaucoup. Le matin, des gens de lettres et des boursiers; à minuit, toute la bohême galante, — le parc aux biches et aux daims. Beaucoup de tapage sous prétexte de gaieté, beaucoup d'indigestions sous prétexte de gastronomie. Brillat-Savarin a raison : ceux qui s'indigèrent ou qui s'enivrent ne savent ni boire ni manger.

A propos de soupers, — et je ne dis pas cela pour le *restaurant Grosse-Tête*, mais seulement parce que je ne songe qu'en ce moment à cette importante recommandation, — se défier de ces grands diables de poulets à longues pattes noires qu'on ne sert qu'à minuit dans la plupart des cafés du boulevard. C'est une variété de volatiles que cultivent les éleveurs de la banlieue en vue des soupeurs parisiens, gens qui d'ordinaire gaspillent les vins et les mets qu'on apporte sur leurs tables, et à qui on peut impunément offrir des vermicelles sous prétexte de nids d'hirondelles.

LE RESTAURANT PETER'S

Peter's ou Fraisse, le nom importe peu: On y déjeune plus qu'on n'y dîne, et surtout plus qu'on n'y soupe; mais on y dîne et soupe aussi. Un certain nombre de gens de lettres et de boursiers composent la clientèle fixe : le reste se forme d'allants et venants. Les petits journalistes qui honorent ce cabaret de leur présence y causent peut-être un peu trop haut de leurs petits journaux : cela gêne les honnêtes gens qui aiment à manger tranquillement.

Malgré cet inconvénient, — qui est un avantage de plus pour les bourgeois amateurs de littérature, — le *Restaurant Peter's* n'est pas à dédaigner. On y déjeune bien, à l'anglaise ou à la française, quand on sait commander son déjeuner. On y dîne et on y soupe de même.

Spécialité de *turtle-sup*, la petite et la grande soupe à la tortue : celle d'un franc cinquante centimes pour les simples paysans, et celle de quatre francs pour les amateurs, — une façon de bisque très-accentuée.

Spécialité de rump-steaks et de roast-beefs qu'on promène à travers les salles sur un chariot, à la grande satisfaction des amis de la nature — saignante.

Enfin, spécialité de fleury — un fleury à un franc cinquante centimes la bouteille, — plus exquis de tous les fleury passés, présents et à venir. Je doute qu'on en trouve de pareils ailleurs.

LE DINER DE PARIS

Établi depuis dix ans dans les salons de la terrasse Jouffroy en remplacement du *Cercle Américain*, tombé en déconfiture. « J'en ai goûté une fois, écrivait un jour Villemot, et je n'ai qu'à m'en louer ; je suis de l'avis de M. de Conty, qui prétend que c'est la maison de Paris où l'on dîne le mieux et à meilleur compte. La spécialité de la maison, jusqu'à ce jour, est de vous offrir un local immense, un splendide éclairage, sans encombrement de consommateurs, ce qui est bien quelque chose dans ce centre des foules et des cohues. Vous avez votre table à vous, votre garçon à vous ; personne ne vient manger son potage sous votre nez au moment où vous savourez les parfums de votre café. »

Le *Dîner de Paris* est, selon moi, une bonne fortune pour les étrangers.

LE DINER DU ROCHER

qui se trouve dans le même passage Jouffroy, en face du *Dîner de Paris*, rivalise de son mieux avec ce dernier. Il y a entre eux la différence qui existe entre quatre francs et trois francs, — une légère différence.

C'est comme pour

LE DINER JOUFFROY

au bout de la galerie, à droite : il y a entre ce restaurant et le précédent la différence qui existe entre deux francs cinquante centimes et trois francs, — une grande différence.

LE RESTAURANT BONNEFOY

Salons en bas, cabinets particuliers en haut, donnant les uns et les autres sur le boulevard Montmartre. Si cette maison, tenue aujourd'hui par Roussel, le frère aîné du Roussel de Véfour, n'est pas, comme Bignon jeune et le *Café Riche*, une maison de premier ordre, c'est en tous cas une bonne maison dont la cave et la cuisine sont fort recommandables.

On y déjeune, on y dîne et on y soupe. On y soupe même beaucoup. Les cabinets particuliers y consomment un certain gruau-larose qui ne manque pas de bouquet, et qui sert volontiers d'accompagnement à un certain plat de cailles au gratin qu'on y réussit neuf fois sur dix.

LE RESTAURANT VACHETTE

Une illustration culinaire. Ce restaurant est tenu aujourd'hui par Brébant, qui n'a rien perdu à transporter ses fourneaux de la rue Neuve-Saint-Eustache au boulevard Poissonnière, à l'angle du faubourg Montmartre. Bonne cuisine et excellente cave. A, comme le *Restaurant Philippe* dont il sera tout à l'heure question, la spécialité de la sole normande, — cette chose exquise quand elle est réussie, cette chose exécrable quand elle est ratée : on n'y oublie pas les truffes.

Au *Restaurant Vachette* on déjeune, on dîne et l'on soupe. On y soupe autant qu'à la *Maison-Dorée* et plus qu'au *Restaurant Bonnefoy*. Le public de minuit est un peu tapageur; il se recrute un peu partout, parmi la littérature et parmi la Bohême galante. Quand les brasseries du quartier des Martyrs sont fermées, quand les cafés du boulevard eux-mêmes ont mis leurs volets, leur public masculin, qui n'a pas envie de dormir, et leur personnel féminin, qui n'en a pas le droit, se précipitent dans les salons et dans les cabinets de Brébant avec un empressement frénétique. Du temps où Bordier et Baratte restaient ouverts toute la nuit, ces soupeurs et ces soupeuses n'étaient pas fâchés de pousser une pointe jusqu'à la halle ; mais aujourd'hui force leur est bien de rester au boulevard, le quartier général des noces et festins.

Les cocottes abondent au *Restaurant Vachette*, — non pas la fleur des pois, mais quelquefois même le dessous du panier. Il y en a certainement de jolies, de jeunes et d'appétissantes parmi elles ; mais beaucoup aussi, je le confesse avec chagrin, sont des vétérans de la galanterie, des Vésuviennes qui ont vu le feu depuis longtemps, et qui ont grande peine à réparer des ans l'irréparable outrage. Et cependant ce ne sont pas ces soupeuses-là qui ont le moins de succès au boulevard auprès des cocodès et des apprentis viveurs ; leur expérience du cœur masculin, leur longue pratique de la vie parisienne leur ouvrent la porte de cabinets qui devraient leur rester fermés : elles savent s'imposer.

LE RESTAURANT DÉSIRÉ BEAURAIN

Encore une illustration du boulevard Poissonnière. Ce restaurant, tenu aujourd'hui par César, n'est pas une maison de premier ordre comme son voisin le *Restaurant Vachette*; néanmoins on y déjeune et on y dîne fort congrûment. Il possède, entre autres vins, un nuits excellent, et on y fait divinement, entre autres plats, l'entrecôte bordelaise, — cet écueil des gargotiers ambitieux.

LE CAFÉ NOTTA

Je serai reconnaissant envers cette maison, où, le premier lundi de chaque mois, se réunissent, pour essayer de fraterniser, mes chers confrères de la Société des gens de lettres. M. Notta est un très-galant homme dont la cuisine est bonne et la cave suffisante. Chez lui l'on déjeune, l'on dine et l'on soupe, — mais sans passer la nuit.

Il a moins de réputation que son voisin, mais il mérite d'en avoir davantage.

LE RESTAURANT DE FRANCE

Il n'a pas non plus une grande réputation, cet établissement tenu par Guillot, et, comme son voisin d'en face, le *Restaurant Notta*, il mérite d'en avoir une; car la cuisine et la cave y sont bonnes, et les prix n'y sont pas aussi excessifs qu'ailleurs.

LE RESTAURANT PHILIPPE

Maintenant que Borel et son restaurant du *Rocher de Cancale* n'existent plus que dans le souvenir des gourmets reconnaissants, le *Restaurant Philippe*, — tenu aujourd'hui par Pascal, ancien cuisinier du Jockey-Club, — est la gloire de la rue Montorgueil et une des meilleures maisons de Paris. Sa clientèle n'a que de vagues rapports avec celle des différents établissements précédemment mentionnés : n'y vont, à vrai dire, que les gens qui tiennent à très-bien déjeuner ou à très-bien dîner, seuls ou en compagnie. Les membres du Caveau ont chanté le *Rocher de Cancale* : pourquoi les membres actuels ne chanteraient-ils pas la cuisine de Pascal, qui vaut celle de Borel?

Bien que presque tous les plats du *Restaurant Philippe* soient dignes de l'appétit et de l'estime des connaisseurs, il en est deux qui contribuent spécialement à la réputation de cette maison modèle : la matelote et la sole normande. La matelote n'est pas ce qu'un vain peuple pense. Il y a des gens qui, faute de grives, mangent des merles, et qui, faute d'une anguille, d'une carpe, d'un barbillon et d'une lotte, confectionnent la matelote avec un brochet, une tanche et un barbeau. De même pour la sole normande, qui ne souffre pas la médiocrité. Eh bien! chez Pascal, ces deux plats de choix, qu'ignorait Apicius, sont apprêtés avec un soin et un art rares, il est de mon devoir de le dire. Il est également de mon devoir d'ajouter que, quoique la cave du *Restaurant Philippe* soit une des plus excellemment fournies de Paris, on distingue, entre tous les vins qu'on y boit, un château-yquem de 1847 et un clos-vougeot de 1846, — oui, monsieur et cher étranger, clos-vougeot de 1846, — un vin aussi difficile à avoir que le johannisberg du clos de M. de Metternich.

Aussi n'étonnerai-je personne en disant que c'est chez Pascal que se réunissent tous les samedis, depuis six heures du soir jusqu'au lendemain midi, les douze membres du *Club des grands estomacs*. Dix-huit heures de coups de fourchette! C'est incroyable, et cependant cela est. De six heures à minuit dure le premier acte de ce pantagruélique repas, pendant lequel on sert aux membres du club : potage à la Crécy, précédé de plusieurs verres de vin amer, suivi de plusieurs verres de madère; turbot sauce aux câpres, filet de bœuf, gigot braisé, poulardes en caisse, langue de veau au jus, sorbets au marasquin, poulets rôtis, crèmes, tourtes et pâtisseries, le tout arrosé de six bouteilles de vieux bourgogne par convive. De minuit à six heures du matin dure le second acte, pendant lequel on sert : une ou plusieurs tasses de thé, potage à la tortue, kary indien de six poulets, saumon aux ciboules, côtelettes de chevreuil au piment, filets de sole au coulis de truffes, artichauts au poivre de Java, sorbets au rhum, gelinottes d'Écosse au wisky, puddings au rhum, pâtisserie anglaise fortement épicée, le tout arrosée de trois bouteilles de bourgogne et de trois bouteilles de bordeaux par tête. Enfin, de six heures du matin à midi, troisième et dernier acte de ce *gueuleton* monstre : on sert une soupe à l'oignon extrêmement poivrée et une foule de pâtisseries non sucrées, arrosées de quatre bouteilles de champagne par chaque convive; puis on passe au café, avec un pousse-café composé d'une bouteille entière de cognac, de kirsch ou de rhum. De crânes estomacs, ces douze estomacs!

LE RESTAURANT CHAMPEAUX

Une vieille maison qui mérite toujours la bonne réputation dont elle a joui. Elle est tenue aujourd'hui par Trap. Il faudrait n'être jamais passé sur la place de la Bourse pour ne la connaître pas.

Bonne cave et bonne cuisine.

LES FRÈRES PROVENÇAUX

Ce serait commettre un pléonasme que d'ajouter : restaurant de premier ordre. Le vanter serait ridicule. Une maison où le consommateur a sous la main, comme éléments de son dîner, une douzaine de potages, une vingtaine de hors-d'œuvre, autant d'entrées de bœuf, autant d'entrées de mouton, une trentaine d'entrées de gibier et de volaille, une vingtaine d'entrées de veau, autant d'entrées de poisson, presque autant d'entrées de rôtis, une douzaine d'entrées de pâtisserie, une cinquantaine d'entremets et autant de desserts, — qu'il peut arroser, à son choix, d'une trentaine de sortes de vins, depuis le simple bourgogne jusqu'au vin de Tokai, et d'autant d'espèces de liqueurs !

Toutefois on me permettra bien, je pense, de signaler timidement, parmi ces merveilles gastronomiques, la fameuse morue à l'ail, qu'on ne fait nulle part comme aux *Frères Provençaux*.

LE RESTAURANT VÉFOUR

Une des gloires du Palais-Royal, comme les *Frères Provençaux*. Il y a des gens et des choses qu'on ne vante pas : il suffit de les nommer.

LE RESTAURANT VÉRY

Une gloire du Palais-Royal aussi, — mais une gloire qui a subi quelque éclipse. Avoir été Véry et être devenu un restaurant à prix fixe !

Où est le temps des fameuses entrées truffées, — la morue à l'ail de Véry ?...

LE PETIT-VÉFOUR

C'est un voisin des précédents, et, ma foi! ce voisinage ne l'écrase pas trop. Le *Petit-Véfour* est un très-bon restaurant, avec cave à l'avenant, tenu aujourd'hui par Guibert.

LE RESTAURANT MAGNY

La *Maison-Dorée* du quartier Latin. On y soupe, on y dîne, on y déjeune remarquablement, et, ce qui me le prouverait, si je l'ignorais, c'est l'obstination que met

George Sand, l'illustre romancier, à venir y déjeuner et y dîner chaque fois qu'elle vient de Palaiseau à Paris. L'auteur d'*Indiana* et du *Champi* est un écrivain trop délicat et trop distingué pour s'égarer dans une gargotte.

Magny, du reste, est digne de cet honneur et de la familiarité que lui témoigne son illustre habituée : il n'a pas été pour rien chef de cuisine chez Philippe, longtemps avant Pascal. Quoi que l'on demande chez lui, on est assuré, ou presque assuré, — nul n'est infaillible, — de manger à son gré. Mais si l'on a la bonne idée de demander des pieds de mouton à la poulette, on est tout à fait certain de se régaler, parce que nulle part ailleurs, pas même chez Didier, on ne rédige ce plat difficile avec cet esprit et ce beurre. Oh! les pieds de mouton de Magny! ils ont eu déjà plus de représentations et d'enthousiastes que celui de feu Martainville!

LE RESTAURANT FOYOT

Un rival de Magny, — mais un rival peu dangereux. L'un est situé rue Contrescarpe, l'autre rue de Tournon, à l'angle de la rue de Vaugirard. Magny tient toujours la corde.

A son début, le restaurant Foyot avait la spécialité des

pieds de mouton à la poulette, comme le restaurant Magny ; je n'affirmerais pas que cette réputation est toujours méritée.

C'est dans les cabinets particuliers de Foyot que les demoiselles de Breda-Street viennent étudier, dit-on, le code civil et la médecine.

LE RESTAURANT PINSON

Un autre rival de Magny, — un peu plus rapproché de Magny que Foyot, puisqu'il est situé rue de l'Ancienne-Comédie, en face du café Procope. On y déjeune et on y dîne convenablement, mais Magny tient toujours la corde.

LE CAFÉ D'ORSAY

Un café doublé d'un restaurant, tenu par Lorrin, le neveu de Maire. J'en ai parlé déjà au précédent chapitre : j'en parle de nouveau pour confirmer ce que j'en ai dit, et déclarer que c'est un des restaurants distingués de Paris, où la cuisine vaut la cave, et où la cave est excellente.

LE RESTAURANT DE LA TOUR D'ARGENT

Le rendez-vous des gros bonnets de l'Entrepôt, à deux pas duquel il est situé, sur le quai Saint-Bernard, en face du pont de la Tournelle. Cela n'a l'air d'être qu'un cabaret un peu plus propre que les autres; mais, une fois entré, on est forcé de convenir que ce cabaret est un restaurant où l'on déjeune fort bien, — surtout si l'on a le soin de demander du gigot à la gasconne, recette Beauvilliers, et une ou plusieurs fioles de Volnay ou de Coulanges.

LE RESTAURANT DES MARRONNIERS

Puisque nous sommes sur les bords de la Seine restons-y, en la traversant cependant, pour parler un instant des *Marronniers*, le meilleur restaurant de Bercy. Je ne dirai pas que cet établissement a une bonne cave : elle lui serait inutile, — ses clients, négociants en vins, ayant l'habitude de s'approvisionner eux-mêmes à leurs propres caves. Mais je peux dire que la cuisine y est excellente et que les matelotes y sont délicieuses, de l'aveu même des restaurateurs parisiens qui en ont la spécialité. Il ferait beau voir que l'on ne sût pas faire la matelote à Bercy, pays du vin et de l'eau, de la sauce et du poisson !

LE RESTAURANT DE LA PORTE JAUNE

J'ai mentionné *Madrid* et le *Pavillon d'Armenonville* au Bois de Boulogne ; je ne puis guère faire autrement que de mentionner aussi le *Restaurant de la Porte Jaune* au Bois de Vincennes, le rendez-vous des *pouleurs* et des cocottes, avant ou après les courses.

LE RESTAURANT BONVALET

C'est, à proprement parler, le Restaurant du Jardin Turc, sur le boulevard du Temple. Bonvalet s'est retiré dans ses caves, à Bercy, et Tavernier jeune lui a succédé : on ne s'aperçoit d'aucun changement. Comme par le passé, on déjeune, on dîne, et l'on soupe là d'une façon convenable.

LE RESTAURANT PASSOIR

Autrefois la gloire du faubourg du Temple; aujourd'hui un restaurant qui a eu des malheurs. Le père Passoir est mort, le fils Passoir est mort. Qui leur a succédé ? Je l'ignore. Si je cite cet établissement, ce n'est pas parce qu'il est notable, c'est parce qu'il l'a été.

LE RESTAURANT DU PÈRE LATHUILLE

Un établissement historique. Le Père Lathuille avait une assez bonne cave, en 1814; et une bonne cave à Paris, — la Barrière de Clichy, c'est Paris, — cela vaut une bonne ferme en Beauce : il n'hésita pas cependant à la faire saccager par les gardes nationaux, défenseurs de la capitale, plutôt que de la laisser profaner par les alliés campés aux environs. Un acte de patriotisme comme un autre, et dont les Parisiens lui surent gré en adoptant décidément son cabaret, qui, petit à petit, devint un restaurant fameux.

La cave de 1814 s'est renouvelée plusieurs fois depuis

cette époque : elle vaut mieux encore aujourd'hui qu'elle ne valait alors. Le Père Lathuille s'est retiré, son gendre Gauthier lui a succédé, et personne ne s'en est plaint.

LE CAFÉ VOISIN

J'allais l'oublier, et je m'en serais voulu, car c'est un restaurant de premier ordre, dont on parle moins que des autres, parce qu'au lieu d'être en vue, comme ceux du Palais-Royal ou des Boulevards, il se trouve modestement caché, comme une violette, au pied de l'église de l'Assomption, à l'extrémité de la rue Saint-Honoré.

Dans peu d'endroits, très-peu, on déjeune aussi bien qu'au *Café Voisin*, — quand on sait commander son déjeuner.

LE RESTAURANT WEPLER

Je serais désolé d'être accusé d'injustice, et, puisque je viens de mentionner le *Restaurant du Père Lathuille*, je ne sais pas pourquoi je ne mentionnerais pas son voisin d'en face, le *Restaurant Wepler*, qui a la spécialité des noces bourgeoises. Seulement, si j'avais à choisir entre deux, je m'empresserais de choisir... *la Maison-Dorée*.

L'ÉTABLISSEMENT JOUANNE

On va crier au scandale, et les petits restaurants que j'aurai dédaignés ricaneront de pitié de me voir accorder ici à l'*Établissement Jouanne* une place que je leur aurai refusée. J'ai mes raisons pour en agir ainsi. Jouanne — ou son successeur — est une spécialité culinaire, et peut-être quelques-uns de mes lecteurs m'eussent-ils reproché de ne l'avoir pas signalée.

Quelle spécialité? Les gaudebillaux. Que sont les gaudebillaux? Maître François Rabelais va vous répondre : « Gaudebillaux sont grasses trippes de coiraulx; coiraulx sont bœufs engraissez à la cresche et prez guimaulx; prez guimaulx sont prez qui portent herbes deux foys l'an... » Vulgairement : *Tripes à la mode de Caen*, — le régal le plus économique et le plus appétissant qui soit. Demandez aux garçons du *Père Lathuille* combien de fois par matinée ils traversent la grande rue des Batignolles pour aller chercher des gaudebillaux. Seulement, chez le *Père Lathuille* on vous sert le régal normand dans une assiette d'argent, tandis qu'en face, chez Jouanne, on vous le sert dans un vulgaire plat de faïence, écorné souvent, sur un réchaud gras...

LE RESTAURANT DU BŒUF A LA MODE

Il a eu sa réputation, comme jadis le *Veau qui tette* de la place du Châtelet; mais cette réputation a un peu pâli. En somme, on dîne au *Restaurant du Bœuf à la mode*, rue de Valois, d'une façon convenable et à des prix modérés.

LE RESTAURANT MAIRE

Un bon cabaret, qui a eu plus de réputation qu'il n'en a aujourd'hui, quoiqu'il en ait suffisamment pour un restaurant seul. Tout passe en ce monde ! Cependant, la maison Maire se recommande toujours aux amateurs par son excellent mercurey et par la façon vraiment supérieure dont on y rédige l'entre-côte bordelaise et le macaroni-Périgueux.

Ai-je dit que le *Restaurant Maire* est toujours situé à l'angle des boulevards Saint-Denis et de Strasbourg ?

LE RESTAURANT DIDIER

Tout à l'heure, je citais un restaurant défunt, le *Veau qui tette*, recommandé par Brillat-Savarin à cause de sa spécialité des pieds de mouton à la poulette. Au risque de me vieillir un peu, j'avouerai en avoir tâté — dans ma très-extrême jeunesse — et en avoir conservé un honorable souvenir. Eh bien ! le *Restaurant Didier*, rue du Four-Saint-Honoré, mérite aujourd'hui de jouir de la réputation du *Veau qui tette*, puisqu'il a la même spécialité et qu'il s'en tire aussi remarquablement, — il s'en tire mieux, affirment les amateurs.

C'est quelque chose. J'ajoute que Lechartier, propriétaire actuel du *Restaurant Didier*, se donne autant de soins que jadis s'en donnait Baleine pour avoir d'excellent poisson. Quant à sa cave, sans être une des premières, ni même une des secondes de Paris, elle n'est pas non plus des dernières, et j'y ai bu souvent avec plaisir un bourgogne exquis dont le nom m'échappe.

LE CABARET DINOCHAU

On me reprocherait peut-être de l'oublier, et quoique je n'aime pas beaucoup les compliments, j'aime encore moins les reproches : c'est plus agaçant que les compliments !

Donc, je consacre quelques lignes à ce cabaret littéraire, le meilleur assurément de Breda-Street. Toute la littérature contemporaine y a déjeuné, dîné et soupé, y soupe, dîne, et déjeune encore, — mais en moins grand nombre. Il y a une raison majeure à cela : les habitués d'autrefois sont mariés, comme Alfred Busquet, Armand Barthet, Nadar; ou morts, comme Henry Murger, Antoine Fauchery, Guichardet, Aussandon, Privat d'Anglemont; sans compter quelques artistes comme Galetti, Alexandre Leclerc, Chabouillet, Pigoreau, Lepoitevin, etc. Malgré ces vides, que suffiraient à combler Charles Monselet et Tony Révillon, le *Cabaret Dinochau* est une maison où règne volontiers la gaieté, et où l'on mange assez bien, — quoiqu'on mange infiniment mieux ailleurs. Cuisine bourgeoise, cave... à Bercy.

Le *Cabaret Dinochau* est une curiosité qu'il faut visiter de préférence à l'intérieur de la colonne Vendôme, — quoique cela soit aussi haut.

LE RESTAURANT DU FAISAN

Le Faisan Doré, s'il vous plaît! Est-il suffisamment doré? Oui et non; oui comme apparence, non en réalité. Ce restaurant joue, sur la rue des Martyrs, le rôle que joue celui de Bignon jeune sur le boulevard des Italiens; mais, à vrai dire, Dinochau est préférable. Je sais bien que les couples interlopes qui vont s'installer au *Faisan Doré*, où ils peuvent faire leurs manières, seraient gênés chez Dinochau, où les manières sont interdites... Enfin, tout est pour le mieux dans le plus singulier des quartiers possible.

Les huîtres frites et les pigeons en compote sont la spécialité de ce restaurant. Est-ce une flatterie à l'adresse des petites dames qui l'honorent de leur présence? Est-ce une épigramme à l'adresse des petits messieurs qu'elles y amènent?...

LE RESTAURANT PAVARD

Le Père Pavard est le Dinochau de la rue Notre-Dame de Lorette, comme Dinochau est le Père Pavard de la rue Breda. J'ai mentionné celui-ci, je dois mentionner celui-là. Tous deux se ressemblent un peu comme clientèle et comme cuisine, — avec cette différence que les gens de lettres de Pavard sont des peintres, et que les peintres de Dinochau sont des gens de lettres, et que chez l'un, il n'y a qu'une salle au premier étage, tandis que chez l'autre il y en a plusieurs au rez-de-chaussée.

LE RESTAURANT DE LA BOULE NOIRE

Le Père Lathuille, ou plutôt le *Restaurant Wepler* de la barrière des Martyrs, puisqu'on y fait noces et festins. Les femmes légères du quartier y viennent volontiers déjeuner, et les jeunes gens en bonne fortune y viennent volontiers dîner, — les unes dans les salons communs, les autres dans les cabinets particuliers.

La cuisine ? la cave ? Pourquoi parler des choses dont on n'a absolument rien à dire ?...

Un détail applicable à la *Boule Noire* comme à tous les autres restaurants parisiens : dans les cabinets particuliers *on ne fait pas* de demi-bouteille. Bouteille entamée, bouteille bue. Rappelez-vous cela, monsieur et cher étranger.

LA TABLE D'HOTE DE CLÉMENCE

Quand on descend on ne saurait trop descendre. J'ai parlé de Jouanne et des tripes à la mode de Caen, je ne vois pas ce qui m'empêcherait de parler des tables d'hôtes et de leurs hôtes : toutes les curiosités se valent.

Clémence, qui est la *mère des artistes* comme certaines cabaretières sont les *mères des compagnons*, est une des célébrités du genre. C'est une petite vieille, qui est peut-être morte à l'heure où j'écris ces lignes, dont la table d'hôte, il y a trois ou quatre ans encore au quatrième étage de la rue du Faubourg-Saint-Martin, est aujourd'hui au boulevard de Strasbourg. Rue du Faubourg-Saint-Martin, c'était une chambre que décoraient seulement les charges d'Étienne Carjat. Au boulevard de Strasbourg, ce sont des salons où toutes ces dames du théâtre montent chaque matin et chaque soir, et où viennent se joindre à elles un certain nombre d'acteurs, de gandins et de boursiers-marrons. Suzanne Lagier et Dumaine faisaient jadis l'orgueil et la joie de Clémence, quand elle avait ses fourneaux rue du Faubourg-Saint-Martin ; mais depuis que l'ambition lui est poussée, et que, de leur côté, ses « chéris » sont devenus, l'une une diva populaire, l'autre un directeur de théâtre important...

Cela n'empêche pas la table d'hôte de Clémence d'être intéressante à visiter, avant, pendant et après le dîner,— après le dîner surtout, à cause du mistron infernal qu'y improvisent ces demoiselles en collaboration avec ces messieurs.

LA TABLE D'HOTE DE MADAME TAILLANDIER

Autre mère Clémence, cette madame Taillandier, que ses intimes des deux sexes appellent la Taillandier. Seulement, elle n'est la mère de personne, à ma connaissance du moins, et sa clientèle n'est plus la même.

On demande ce que deviennent les vieilles lunes : pourquoi ne s'inquiète-t-on pas de ce que deviennent les femmes qui ont été célèbres, pendant quelques mois ou pendant quelques années, par le luxe de leurs toilettes, par le nombre de leurs amants, par le scandale de leur existence, par leur beauté ou par leur science amoureuse? Les vieilles lorettes, c'est bien plus drôle que les vieilles lunes. Celle-ci a sombré dans l'océan commun, la misère, et de papillon s'est changée en chenille, ouvreuse de loges ou portière. Celle-là a sombré dans le lac de Genève de la vertu et du mariage.

Les habituées de la table d'hôte de Madame Taillandier, rue des Martyrs, appartiennent presque toutes à cette catégorie d'actrices galantes devenues simples spectatrices des galanteries des autres, en mettant leur expérience des choses et des hommes à la disposition de qui en a besoin. Leurs conseils sont bons ou ils sont mauvais; on les suit ou on ne les suit pas : en tous cas, ils sont donnés et reçus chaque soir, à la table de la Taillandier, entre la salade et les confitures.

Les vieilles lunes parisiennes qui ne vont pas chez madame Taillandier honorent de leur présence une autre table d'hôte du même genre, située rue Notre-Dame-de-Lorette.

Vue générale du Théâtre de l'Opéra, rue Le Peletier.

V

LES THÉATRES

Je me blâme de répéter une phrase latine qui a horriblement servi en France, mais le *panem et circenses* du peuple romain est toujours aussi applicable au peuple parisien. Je crois même que, s'il lui fallait opter, il préférerait au pain les spectacles. C'est chez lui une rage, une maladie, une infirmité. On pourrait affirmer qu'il ne vit, qu'il ne travaille, qu'il ne consent à pâtir qu'à la condition d'aller se régaler de théâtre. Il adore les émotions violentes, — c'est-à-dire les spectacles qui font beaucoup de bruit, beaucoup de poussière, beaucoup de toutes sortes de choses. Pour lui, aller s'entasser chaque soir, par centaines de couples, dans des salles nauséabondes, où l'odeur des haleines humaines se mêle — horrible mélange ! — à l'odeur des fleurs, c'est le bonheur suprême ; il n'en connaît pas d'autre, il n'en veut pas d'autre pour récompense de son labeur de la journée ; il en perd le boire et le manger, tant c'est pour lui une grande affaire et un grand plaisir : son empressement est celui d'un enfant, parce qu'il est enfant, parce qu'il ne veut pas devenir homme, parce qu'il tient à conserver son bourrelet et ses langes, son bégayement et ses hochets.

Si encore le théâtre était ce qu'il a toujours eu la prétention d'être, une chaire, une école de morale ; mais non ! A part d'honorables et rares exceptions, le théâtre n'est malheureusement trop souvent que le conservatoire du mauvais goût, de la mauvaise langue, des mauvaises mœurs et des mauvais exemples, et c'est en ma triple qualité d'écrivain, de philosophe et de citoyen que je m'insurge contre lui avec cette véhémence inusitée. Les théâtres ont beau inscrire sur leurs frontons, en lettres moulées, le fameux *castigat ridendo mores*, ils ne corrigent aucune immoralité, ne fustigent aucun vice, ne guérissent aucune plaie, ne redressent aucune infirmité : les établissements orthopédiques et eux, ce n'est pas du tout la même chose. Je demande à voir le manant dont ils ont fait un gentilhomme, le gredin dont ils ont fait un prix-Montyon, le débauché dont ils fait un puritain, la fille perdue dont ils ont fait une fille retrouvée. Ironique école de mœurs ! Loin d'instruire et de moraliser, d'apprendre le beau langage et les honnêtes pensées, de signaler les écueils et de montrer les abîmes, les théâtres donnent sur l'honnêteté, sur l'histoire, sur la langue, sur tout, les renseignements les plus faux et les plus ridicules. Au lieu d'élever l'âme, ils l'abaissent ; au lieu d'agrandir le cerveau, ils l'étriquent ; au lieu d'éclairer, ils obscurcissent. La foule, du reste, n'en demande pas tant, elle n'exige pas qu'on l'ennuie : elle veut, au contraire, qu'on l'amuse, à n'importe quel prix.

Aussi, de peur que le public parisien ne se blase, a-t-on soin de lui inventer chaque jour de nouvelles distractions. On met à contribution tous les règnes de la nature pour lui faire battre des mains et des pieds. On imagine des trucs invraisemblables et des changements à vue prestigieux. On fait l'impossible pour varier un peu les sensations de la foule, et bientôt, grâce au « de plus fort en plus fort », auquel s'appliquent les directeurs de théâtre pour obéir à la tradition laissée par Nicolet, ils ne sauront plus où donner de la tête. Lorsqu'ils en seront là, il ne leur restera plus qu'une chose à faire pour éviter la banqueroute ; ce sera d'aller décrocher la lune et de la déposer aux pieds de la foule ennuyée.

Vue générale du nouvel Opéra.

En attendant, chaque soir, à Paris, une trentaine de salles de spectacle essayent d'attirer et de retenir cette foule par des promesses de plaisir plus ou moins tenues. Si vous y consentez, j'en vais parler avec la liberté — et même avec l'irrévérence — d'un homme qui n'est ni auteur, ni directeur, ni acteur, ni amant d'actrice.

N. B. Se défier des vendeurs de billets *moins chers qu'au bureau* qui stationnent aux alentours de chaque théâtre, et retenir ses places soit au bureau de location, soit à l'agence spéciale établie boulevard des Italiens.

ACADÉMIE IMPÉRIALE DE MUSIQUE

La plus vaste et la plus belle salle de Paris, destinée à être bientôt plus belle et plus vaste encore lorsque, de la rue Le Peletier, elle aura été transportée dans le palais qu'on est en train de lui construire, depuis deux ans, sur le boulevard des Capucines.

Les amateurs de la bonne musique ne manquent pas une seule des représentations de l'Opéra; trois fois par semaine, le lundi, le mercredi et le vendredi, — et quelquefois le dimanche, — ils sont installés dans leurs stalles, les oreilles grandes ouvertes pour mieux boire le chant de l'orchestre et la voix des chanteurs. La Malibran est morte., Nourrit est mort, mais madame Gueymard nous reste, ainsi que Villaret... Et puis, qu'importent les interprètes, hommes ou femmes ? Les instruments sont là pour nous dédommager de l'infériorité — relative — de tel chanteur ou de telle cantatrice : l'orchestre de l'Opéra est le premier orchestre du monde. Allez entendre le *Freyschütz*, ou *la Juive*, ou *Guillaume Tell*, ou *Robert le Diable*, et vous m'en donnerez des nouvelles.

Mais les amateurs de bonne musique sont moins nombreux que les amateurs de belles jambes, et, à l'Opéra, les yeux s'ouvrent encore plus grands que les oreilles ne s'écarquillent : on est plus délicieusement remué par la vue du corps de ballet que par les grands airs du ténor en vogue ou de la prima donna à la mode. Elles sont si éloquentes, ces petites danseuses, — même celles qui ne dansent pas, — avec leurs maillots roses et leurs jupes de gaze ! L'éloquence de la chair, quoi !

THÉATRE ITALIEN

Saluons ! Dans cette cage dorée chantera encore un rossignol qui doit faire hausser le prix des loyers de la place Ventadour : Adelina Patti.

Je n'ai pas entendu la Pasta, pas plus que je n'ai entendu la Malibran ; mais j'ai eu le bonheur d'entendre madame Borghi-Mammo, la Penco, la Frezzolini, la Bosio, l'Alboni, de grandes artistes, des rossignols aussi : Adelina Patti les surpasse toutes. Allez, allez entendre son andantino d'*Il Barbiere* et son éclat de rire de la *Manon Lescaut*, d'Auber ! O merveille des merveilles !

COMÉDIE FRANÇAISE

On l'appelle aussi *la Maison de Molière*, quoiqu'elle soit un peu la maison de tout le monde, de M. Scribe et de Corneille, de M. Ernest Legouvé et de Marivaux, de M. Empis et de Crébillon, de M. Mazères et de Racine, de M. Ponsard et de Sedaine. De bons comédiens, *les comédiens ordinaires de S. M. l'Empereur*, mais voilà tout, — et franchement ce n'est pas assez. Molière y fait toujours rire ; mais Corneille ni Racine ne parviennent à y faire pleurer. Chefs-d'œuvre tant que vous voudrez, mais chefs-d'œuvre à lire et non à voir.

Une soirée au Théâtre-Français est un plaisir comme un autre, mais peut-être un autre serait-il préférable...

OPÉRA-COMIQUE

Le théâtre lyrique affectionné des Parisiens, — gens qui, comme on sait, aiment la musique légère et facile, à leur image. A la bonne heure, les airs d'Adam, d'Auber, de Boïeldieu et d'Hérold ! cela se retient, cela se fredonne, — c'est du vaudeville ! Mais ne leur parlez pas, aux Parisiens, des grands morceaux, du *Prophète* ou du *Tannhauser* : c'est trop fort pour eux.

La troupe de l'Opéra-Comique est assez riche. En femmes, mesdames Cabel, Galli-Marié, mademoiselle Girard. En hommes, Montaubry, Capoul, Sainte-Foy, Achard, Ponchard, Bataille. O les belles soirées du *Domino noir*, du *Pré aux Clercs*, de la *Dame blanche*, de *Zampa*, du *Chalet* et des *Diamants de la Couronne* !

ODÉON

Le second Théâtre-Français. Si le premier n'est pas *amusant*, vous jugez ce que doit être le second !

Ce qu'il y a d'intéressant à l'Odéon, ce sont les premières représentations, — à cause du tapage qu'on y fait.

THÉATRE LYRIQUE

Exproprié du boulevard du Temple, où il occupait l'ancienne salle du Théâtre-Historique, d'une sonorité imparfaite, il est établi maintenant en pleine place du Châtelet, sur les bords de cette Seine que les Parisiens aiment autant que l'aimait leur empereur. Belle salle, construite, à ce qu'il me semble, selon les lois de l'acoustique. Ce qu'on y chante vaut mieux que ce qu'on joue ailleurs. Il est seulement regrettable qu'on n'y chante pas le *Freyschütz* dans toute son intégrité.

Les meilleures places de ce théâtre seraient les pourtours de face, si l'on n'avait pas le voisinage des *chevaliers du lustre*, — qui devraient bien se mettre un peu plus sous le lustre : on y entend tout sans être vu. Mais la claque ! la claque ! cette peste des théâtres parisiens ! D'autant plus peste que, vous le savez, la claque sent toujours un peu le hareng...

THÉATRE DU CHATELET

C'est le vrai théâtre français, celui-là ! La littérature, sans en être absolument bannie, n'y est pas accueillie avec un empressement excessif. A quoi bon s'adresser à l'esprit du public, quand ce public, fatigué des soucis de la journée, ne recherche que la satisfaction des yeux ? Et les yeux, au Châtelet, ont de quoi être réjouis : de nombreux bataillons de jolies filles, cueillies dans les serres chaudes où poussent ces aimables fleurs du mal, s'évoluent gracieusement pendant trois ou quatre heures, sous prétexte de féerie, *Cendrillon* ou *le Diable boiteux*. Et les décors, donc ! ils valent les figurantes, et sont aussi habilement peints qu'elles sont adroitement maquillées ! C'est superbe.

Je vous recommande Raynard et mademoiselle Desclauzas : on ne saurait voir une plus belle femme et un acteur plus bouffon.

VAUDEVILLE

Le Français, né malin... n'a jamais pris bien franchement le chemin de ce théâtre, qui n'a jamais eu un genre bien franc. On y a joué des drames comme à l'Ambigu, des comédies comme à l'Odéon, des grivoiseries comme au Palais-Royal, et ce n'est ni un théâtre grivois, ni un théâtre de drame, ni un théâtre de comédie. Quelquefois il met la main sur un succès et le garde le plus longtemps qu'il peut, *Mémoires du Diable*, *Filles de Marbre*, *Faux-Bonshommes*, *Famille Benoiton*; aujourd'hui, c'est *Maison-Neuve* qui tient l'affiche.

Je vous recommande Saint-Germain et mademoiselle Fargueil, — un comédien et une comédienne dignes du Théâtre-Français.

VARIÉTÉS

Heureux théâtre, où il semble que la vogue ait élu domicile. *La Belle Hélène* continuait d'y faire florès, après plus de deux cents représentations : on ne saurait se moquer plus agréablement des vénérables héros de la vénérable Grèce. Je vous recommande mademoiselle Schneider — et son ennemie intime, mademoiselle Silly, la *Vénus aux carottes*.

Actuellement c'est *la Grande duchesse de Gérolstein* qui tient l'affiche.

GYMNASE

L'orgueil du boulevard Bonne-Nouvelle. Autrefois *Théâtre de Madame*, puis théâtre de M. Scribe, puis théâtre de M. Alexandre Dumas fils, puis théâtre de M. Sardou-le-Victorien. On y allait autrefois par genre, puis on y a été par goût : on y va aujourd'hui par habitude. C'est ce que M. Prudhomme se plaît à appeler une « bonbonnière ». Les cocottes ne s'y risquent pas.

A de jolies actrices, telles que mesdames Pierson, Samary, Georgina, et de bons acteurs, tels que Lesueur, Lafont et Berton.

PALAIS-ROYAL

Une « bonbonnière » aussi, — mais de pastilles du sérail. Ce qu'on entend là d'énormités et de calembredaines ne saurait se raconter : il faut y aller voir pour le croire. La morale aurait raison de se fâcher, si elle n'était pas désarmée par le rire que lui arrachent Brasseur et Gil-Pérez, Hyacinthe et Lassouche, en collaboration avec madame Thierret et mesdemoiselles Paurelle, Montaland, Bilhaut, Géraudon et Zulma Bouffar.

Zulma Bouffar ! Ce nom appelle les madrigaux.

PORTE SAINT-MARTIN

Ce théâtre a eu l'honneur de jouer les drames romantiques de Victor Hugo et d'Alexandre Dumas. Cela lui rapportait de l'argent — autrefois. Les temps et les goûts du public ont changé, à ce qu'il paraît, puisqu'il ne gagne plus rien avec les pièces littéraires, et qu'il refuse du monde les jours où il joue des féeries comme *le Pied de Mouton* ou comme *la Biche au Bois*. Frédérick-Lemaître peut mourir : le drame moderne est mort. Vivent les féeries et les *pièces à femmes* !

GAIETÉ

Elle faisait jadis le plus bel ornement du boulevard du Temple ; depuis qu'elle s'est réfugiée au square des Arts-et-Métiers, elle ne ressemble plus à elle-même. Je ne sais si je dois l'en féliciter ou l'en plaindre.

C'était jadis le théâtre de la terreur par excellence, cette Gaîté ! O beau temps du *Tremblement de terre de la Martinique*, de *la Marquise de Brinvilliers* et de *l'Eclat de* rire ! qu'êtes-vous, qu'êtes-vous devenu ?... On joue là une façon de mélodrame aussi mauvais que les autres, et qui, cependant, n'a pas eu à son début le succès sur lequel il était en droit de compter : *les Pirates de la Savane*. Pas assez de femmes dans *les Pirates de la Savane*, pas assez de femmes ! On ne jouerait plus cette pièce si le directeur n'avait eu l'heureuse idée d'y introduire un élément auquel les auteurs n'avaient pas songé, miss Adah Menken, une intrépide écuyère qui, au septième tableau, se fait attacher quasi *nue* sur un cheval sauvage et traverse la scène au galop. Cela ne dure que deux minutes, tout au plus, mais on vient à la Gaîté pour jouir de ces deux minutes d'émotion-là. La lithographie de Mazeppa avait passionné toute une génération de femmes sensibles, — une simple photographie : il n'est pas étonnant qu'une Mazeppa en chair et sans os passionne si fort toute une foule masculine. Avec cela, miss Adah Menken est tombée deux fois, ce qui n'a pas peu contribué à la rendre intéressante. Si elle tombait deux ou trois fois encore de cheval, *les Pirates de la Savane* sont assurés de ne jamais tomber de l'affiche. M. Dumaine, l'acteur-directeur de la Gaîté, est un habile homme !

Du reste, je dois avouer que miss Menken est une jolie personne doublée d'une très-jolie femme. Le costume qu'elle ne porte que peu lui va à ravir.

AMBIGU-COMIQUE

Fidèle à son berceau, ce théâtre ! Aussi le public lui est-il fidèle. On n'y joue plus *le Sonneur de Saint-Paul*, ni *Lazare le Pâtre*, ni *Gaspardo le Pêcheur*; mais cela n'empêche pas la foule d'inonder chaque soir, à flots pressés, ses portiques — et les maisons de la rue de Bondy, ses voisines. On y pleure à verse.

FOLIES DRAMATIQUES

Encore un théâtre exproprié ! Mais celui-là, du moins, ne s'est pas trop éloigné de son boulevard natal, puisque, du boulevard du Temple, il est venu s'installer au boulevard Saint-Martin, derrière le Château-d'Eau. J'ajoute qu'il a gagné à ce déménagement. Sa salle d'autrefois était toujours pleine, il est vrai, mais elle n'était guère propre ; sa salle d'aujourd'hui, au contraire, mériterait, elle aussi, la qualification de « bonbonnière », malgré les titis qui en sont les habitués les plus obstinés. De singuliers bonbons, les titis !

Les directeurs actuels, égarés par l'ambition, veulent mettre cette scène populaire au niveau des autres, plus élevées qu'elle; ils jouent des pièces retouchées par Victorien Sardou, presque littéraires par conséquent, au lieu de jouer de bonnes grosses pièces comme *la Courte-Paille* et *la Cocarde,* si chauvines. *La Cocarde! la Courte-Paille!* on n'en refera donc plus, des pièces comme ça?...

BOUFFES PARISIENS

C'est le théâtre de la farce graveleuse et quelquefois spirituelle, cette petite salle du passage Choiseul. C'était autrefois le Théâtre-Comte, dont la mère était invitée à permettre l'entrée à sa fille. Aujourd'hui les fils l'interdiraient à leurs mères, les frères à leurs sœurs, et les maris à leurs femmes. Les *Bouffes-Parisiens,* c'est le *Palais-Royal* en musique.

Les acteurs y sont des bouffons de haute futaie, Léonce et Désiré entre autres. « Homme étonnant! s'écriait un jour Villemot à propos du premier de ces deux grotesques. Homme étonnant! voilà six mille francs, dis-moi des bêtises! Tiens, voilà six mille francs de plus, dis-moi encore plus de bêtises! Ravis-moi de tes accents! Enivre-moi de ta stupidité, et fais-moi rêver la béatitude. Ce que je signale dans ce Léonce, ajoutait Villemot, c'est qu'il est bouffon par lui-même, intrinsèquement, indépendamment du dialogue et du monologue. Il me fait crever de rire et je ne saurais dire pourquoi... Va, homme étonnant, génie inconnu ou méconnu ! L'envie et l'ignorance peuvent retarder ton avénement, mais tu triompheras de tous les obstacles ; un jour, je te le prédis, tu porteras, en chef et sans partage, la couronne et le sceptre des Jocrisses ! »

Ce jour, prédit par le spirituel chroniqueur du *Temps*, est arrivé ; Léonce est désormais classé : c'est un Jocrisse gras.

Quant aux actrices des *Bouffes Parisiens*, ce sont, pour la plupart, d'aimables femmes et de jolies filles, — de celles qui, selon l'expression de Gavarni, *gagnent* à être connues.

THÉATRE DÉJAZET

Autrefois les *Folies Nouvelles*. On y a joué de jolies choses, sur cette petite scène, que les gandins et les cocottes avaient prise sous leur protection et où ont été inaugurés les fameux sucres d'orge à l'absinthe que ces messieurs et ces dames suçotaient durant toute la représentation. Mais les jolies choses n'ont pas fait de petites, et alors d'autres choses, pas toujours jolies, leur ont succédé : on les a remplacées par de jolies filles, mesdemoiselles Daudoird, Keller, Leroux, Léonie, Sylva, Alice Roger, et d'autres encore. Cela ne suffit pas pour emplir une salle de spectacle, même de proportions aussi exiguës que le Théâtre Déjazet.

Les cocodès et les cocodettes ont désappris le chemin du boulevard du Temple pour en apprendre un autre. Pauvre Théâtre-Déjazet ! il n'a pas de chance. Mais là, vrai, ce n'est pas de ma faute ! Ce serait plutôt de celle de ses fournisseurs ordinaires, — trop ordinaires, — MM. Alcindor Guénée et Amédée de Jallais.

THÉATRE BEAUMARCHAIS

Une petite salle qui n'a pas de chance non plus, un peu pour les mêmes raisons que le Théâtre Déjazet, et aussi parce qu'il est situé plus loin. C'est l'Odéon de la rive droite !

Cependant, j'ai de la peine à me persuader que si on y jouait, avec une bonne troupe, un bon drame ou une bonne farce, le public ne s'empresserait pas d'y courir comme il court à l'Ambigu et au Palais-Royal. Que le Théâtre-Beaumarchais essaye un peu — pour voir...

FANTAISIES PARISIENNES

Un théâtre de création récente, que son directeur a eu la bonne idée de placer en plein boulevard des Italiens. On y joue toutes sortes de petites pièces, de petits vaudevilles, de petites comédies, de petites opérettes — qui en valent beaucoup de grandes. Les acteurs n'y sont pas trop mauvais, et les actrices n'y sont pas trop laides : avec ces éléments-là, petit théâtre deviendra grand, pourvu que le public lui prête vie.

Ah! dame! ce n'est pas aussi risqué qu'au Palais-Royal, ni aussi décolleté qu'aux Bouffes-Parisiens...

FOLIES MARIGNY

On croyait qu'il ne prendrait pas, cet autre théâtriculet perdu sous les arbres des Champs-Élysées, — et il a pris. Je n'en suis pas étonné, et je m'en réjouis pour son directeur, le compère Montrouge, et pour sa troupe assez bien fournie de femmes, parmi lesquelles quelques-unes fort jolies, et quelques autres qui chantent fort agréablement.

On s'amuse autant qu'aux Bouffes.

DÉLASSEMENTS COMIQUES

Pour parler l'argot de ces messieurs et de ces dames, je devrais dire *Délass-Com*, je serais mieux compris. *Délass-Com* ou *Délassements-Comiques*, je vous signale ce théâtriculet comme particulièrement curieux. On y joue sur la scène et dans la salle, non pas des rôles, mais de l'œil. Les jeunes messieurs — et même les vieux — envoient des télégrammes oculaires aux jeunes filles court-vêtues qui paradent sur les planches, et, quand ces télégrammes ont réussi, d'autres télégrammes écrits alors, qui sont autant d'invitations à souper.

Assurément, si les *Délass-Com* n'existaient pas, l'art dramatique n'en serait ni plus ni moins dans le marasme; on s'en passerait comme d'une foule d'autres choses inutiles et de quelques autres « bonbonnières » à pastilles du sérail. Mais, puisqu'ils existent, il faut s'en applaudir, puisque c'est une curiosité parisienne de plus. Allez-y quelquefois, monsieur et cher étranger, afin de savoir exactement à quoi vous en tenir sur les mœurs de tous ces mondes interlopes qui font de Paris une ville si séduisante — et si dangereuse.

THÉATRE DES NOUVEAUTÉS

Un théâtre nouveau, issu de la liberté des théâtres. Le besoin ne s'en faisait peut-être pas précisément sentir, mais qu'importe ! C'est un débouché de plus ouvert aux produits littéraires des jeunes gens de lettres et aux prétentions théâtrales des jeunes dames du lac. Débutez, débutez, il en restera toujours quelque chose.

Comme les *pièces à femmes* sont ce qu'il y a de plus demandé sur la place de Paris, au théâtre des Nouveautés on joue *l'Ile des Sirènes*. Est-ce assez bien choisi, hein ? *l'Ile des Sirènes !*

FOLIES SAINT-GERMAIN

Un théâtre nouveau aussi, — aussi nouveau que le boulevard Saint-Germain sur lequel il est édifié. Il n'a pas eu beaucoup de chance jusqu'ici, peut-être parce qu'il n'a pas une troupe assez garnie de femmes. Des femmes! des femmes! beaucoup de femmes! trop de femmes! Avec cela, un théâtre est sauvé.

THÉATRE DES MENUS-PLAISIRS

Un théâtre nouveau aussi, dont il paraît que le besoin se faisait sentir au boulevard de Strasbourg. Il n'a pas encore eu beaucoup de chance non plus, celui-là. Cela tient aux mêmes raisons que ci-dessus.

L'ÉCOLE-LYRIQUE

Ah! vous vous imaginiez peut-être que je l'oublierais, celui-là? Nenni dà! Il est trop curieux, ce théâtriculet, pour que je ne lui consacre pas quelques lignes enthousiastes, dignes de lui.

C'est Ricourt, le fameux Ricourt, le seul Ricourt, l'inventeur de Ponsard (merci, Ricourt!), qui a fondé, rue de la Tour-d'Auvergne, cette *École-Lyrique*, sorte de Conservatoire libre d'où ne sont pas encore sorties beaucoup de comédiennes de génie, mais où sont entrées tant de cabotines à prétentions. J'ose dire qu'en fondant ce Conservatoire de poche, Ricourt a eu une fière idée. Si elle ne l'a pas enrichi, c'est de sa faute.

Les petites dames du lac et du trottoir, quand elles ont trouvé attentif à leur pied, vivent dans l'abondance et dans l'ennui. C'est agréable, assurément, de déjeuner, de dîner et de souper tous les jours, surtout quand on n'en a pas toujours eu l'habitude; mais c'est agaçant de souper, de dîner et de déjeuner en compagnie d'un monsieur exigeant, qui veut être aimé pour lui-même par la maîtresse qu'il paye pour cela, et qui, s'il ne la payait pas, n'aurait pas le moins du monde à l'être, n'ayant plus ni les cheveux, ni la gaîté, ni l'esprit, ni la jeunesse, ni la beauté nécessaires pour ce rôle d'Arthur. Donc, la petite dame s'ennuie en compagnie de cet ennuyeux personnage, et elle s'ingénie à trouver les moyens de se distraire : l'École-Lyrique les lui fournit. « Pourquoi ne serais-je pas actrice, au fait ? se dit-elle en prenant des poses devant son armoire à glace. J'ai autant d'attraits que mademoiselle Schneider, et autant de voix que mademoiselle Cico ; je suis aussi jolie que mademoiselle Léonie Leblanc ; je m'habille avec autant de chic qu'Alphonsine ; si je débutais ?... » Et elle débute sur le petit théâtre de Ricourt, qui, au préalable, lui a fourni quelques leçons de déclamation dont elle n'avait que faire, puisque, pour elle, la scène est un trottoir où elle se flatte de savoir marcher. Il est bien entendu que *Monsieur* a loué la salle de Ricourt exprès pour cette solennité.

Vous connaissez la légende que Gavarni a placée au bas d'un de ses plus jolis croquis : — « Je vous garde un coupon pour Chantereine, jeudi, mon petit Charles, je joue *la Fille d'honneur*. — Ce sera drôle ! — Tous mes amis viennent. — Ce sera plein ! » L'École-Lyrique a remplacé la salle Chantereine, qui n'existe plus depuis longtemps; à part cela, les deux débuts se ressemblent : c'est aussi drôle et aussi plein. Ah! monsieur et cher étranger, allez un soir à l'École-Lyrique, allez-y!

Le paradis aux petits Théâtres (physionomies parisiennes).

LES CIRQUES

CIRQUE NAPOLÉON

Le vrai théâtre français, — comme le théâtre du Châtelet. Après les femmes, les chevaux : c'est une littérature qui ne vous casse pas la tête, au moins. Hop! hop! et les nobles bêtes piaffent, et les jolies filles évoluent : *plaudite, cives!* Et le public ne manque pas d'applaudir, en effet.

Je suis allé souvent au Cirque Napoléon, — boulevard des Filles-du-Calvaire l'hiver, aux Champs-Élysées l'été, — et je dois déclarer que j'ai toujours trouvé salle comble. Cela n'a rien d'étonnant : les exercices des frères

Segundo, ces Léotards espagnols, valent bien les vaudevilles de M. Alcindor Guénée ; Ariane, jument de haute école, montée par mademoiselle Match, vaut bien mademoiselle Castorine, une grue de l'École-Lyrique fourvoyée aux Bouffes-Parisiens ou au Théâtre Déjazet.

THÉATRE DU PRINCE IMPÉRIAL

Un autre cirque, plus grand, mais moins heureusement distribué que le précédent. On y joue des pièces militaires et des pièces équestres. C'est le seul éloge qu'il me soit permis de lui adresser pour l'instant.

HIPPODROME

Un autre cirque, mais à ciel ouvert, et trois ou quatre fois plus grand que les deux précédents. Il était autrefois situé au rond-point de l'arc de triomphe de l'Étoile ; maintenant il est plus loin, — trop loin peut-être.

« Là, dit Auguste Villemot, on peut impunément employer les bêtes, et c'est même une des conditions de succès de l'entreprise, à ce point que les gens d'esprit y nuisent. L'autre jour, M. Arnault s'est trompé en voulant faire, dans son arène, de la couleur locale d'après Walter Scott. Tous ces chevaliers, avec leurs cuirasses fraîchement étamées, rendaient un son de chaudronnerie qui n'avait rien d'héroïque. Le moindre éléphant qui jouerait de la clarinette ferait bien mieux notre affaire. »

SPECTACLES DIVERS

La *salle de Robert-Houdin*, boulevard des Italiens, où l'on fait de la prestidigitation et de la magie blanche, — sans compter l'exhibition d'automates, de pièces mécaniques fort ingénieuses, et la fameuse bouteille inépuisable qui, vers la fin de la soirée, distribue à tous les spectateurs une foule de liqueurs variées. Une séance chez Robert Houdin, — ou plutôt chez Clevermann, fils du père Labire, — est plus intéressante qu'une séance à l'Odéon.

La *salle de Robin*, boulevard du Temple, où l'on fait de la physique amusante et où l'on *débine le truc* des puffistes américains tels que frères Davenport et autres. Entre Clevermann et Robin, j'hésite à me prononcer.

Le *musée Patrich*, boulevard des Capucines, où l'on fait parler une tête de décapité — vivant. Spectacle curieux, mais qui a perdu un peu de son charme depuis qu'un spectateur s'est avisé de lancer une boulette de pain dans l'œil du supplicié.

VI

LES CONCERTS

Théophile Gautier se trompait lorsqu'il écrivait : « La musique est le plus cher de tous les bruits. » Il voulait sans doute parler de ces soirées musicales où l'on paye dix francs le plaisir d'entendre un phénomène, quelque joueur d'harmoni-flûte ou quelque guitariste de San-Francisco, dont le principal mérite est une extrême jeunesse ou une excessive laideur. Mais ce qui est vrai dans ce cas-là cesse de l'être quand il s'agit de réunions musicales où, moyennant une très-faible rétribution, on peut entendre, supérieurement exécutés, les meilleurs morceaux d'Haydn ou de Beethoven, de Weber ou de Mozart.

Quoique nous ne soyons pas aussi dilettantes que les Allemands, nous prouvons que nous aimons la musique qui ne dure pas trop longtemps, par l'empressement que nous mettons à emplir les salles de concerts.

Peut-être est-ce un *genre*, comme beaucoup de nos habitudes ; en tous cas, ce genre est devenu, depuis quelques années, un impérieux besoin de la population parisienne. Parlons-en un peu.

CONCERTS DU CONSERVATOIRE

Ceux-là sont les premiers de tous, et les plus assidûment suivis. Ils ont lieu deux fois par mois, le dimanche, à partir du milieu de janvier. C'était autrefois une gloire, parmi les vieux soldats, d'avoir assisté à la bataille d'Austerlitz ; c'est un honneur aujourd'hui d'avoir assisté, pendant toute la saison, aux concerts du Conservatoire, — d'abord parce que la salle est trop petite pour qu'il soit possible à tous les amateurs d'y entrer, ensuite parce qu'il n'est peut-être pas un orchestre au monde, pas même celui de l'Opéra, qui sache exécuter la grande musique comme le fait l'orchestre du Conservatoire. Un monsieur qui peut se dire abonné à ces remarquables concerts est un monsieur qu'il faut saluer avec une respectueuse sympathie : ce n'est pas le premier venu.

N.-B. — Savez-vous qu'on s'estime encore très-heureux d'avoir un tabouret dans la *loge aux parapluies*, — d'où l'on ne voit absolument rien, mais d'où l'on entend tout ?

CONCERTS DU CASINO

Ils sont suivis, ces concerts, autant que ceux du Conservatoire, mais pour des raisons différentes. Là-bas, on y va pour la musique seulement; ici, on y vient pour le public exclusivement, — le public femelle, bien entendu.

La salle de la rue Cadet est vaste, avec une double série de galerie au rez-de-chaussée et au premier étage; les galeries d'en bas où l'on cause, les galeries d'en haut où l'on fume. Au milieu est l'arène où l'on danse les jours de bal, c'est-à-dire les lundis, mercredis, vendredis et dimanches, et où l'on s'assied les jours de concert, c'est-à-dire les mardis, jeudis et samedis. A l'extrémité de cette aire, que battent comme blé en grange, quatre fois par semaine, les talons des danseuses, est l'orchestre. Derrière l'orchestre, et de plain-pied avec la salle de concert, est le promenoir, éclairé par quatre ou cinq lustres, et dont les murailles sont décorées de portraits en pied de femmes célèbres — à des titres bien différents : Jenny Colon et madame de Staël, Marie Dorval et la duchesse d'Abrantès, Rachel et madame Émile de Girardin, Fanny Essler et madame de Genlis, Jenny Vertpré et madame Campan, mademoiselle Mars et madame Récamier, la Malibran et mademoiselle Georges, mademoiselle Duchesnois et madame Boulanger. Les illustrations de coulisses, passe encore; mais madame de Genlis? mais madame Campan? mais madame de Staël? mais madame de Girardin? mais madame Récamier? mais madame d'Abrantès? Que diable viennent-elles faire en cette galère amoureuse? Étrange! Étrange!

Ce salon de conversation et de promenade — qui n'est pas autre chose qu'un marché — est hanté par la Haute Bicherie parisienne : musardines, pré-catelanières, biches, lorettes, filles de marbre, qui viennent là exactement comme nous allons à la Bourse, pour y faire leurs petites affaires. Autrefois, l'amour était une affaire de temps; aujourd'hui, c'est une affaire de *tant*, — l'expression leur appartient.

CONCERTS DES CHAMPS-ÉLYSÉES

Ceux-là n'ont lieu que l'été, sous les arbres, derrière le palais de l'Exposition. Ils sont suivis par un monde élégant, distingué, qui n'a aucun rapport avec celui du Casino-Cadet. Non-seulement une mise décente est de rigueur, mais les femmes seules n'y sont pas admises, — à leur grand regret et à leur grand dépit, car elles aime-

Vue générale des Concerts des Champs-Élysées.

raient à jeter leurs filets sur ces proies de choix, qui sont des proies défendues.

Je n'ai pas besoin d'ajouter qu'Arban, qui ne pistonne au Casino que durant l'hiver, est apprécié aux Champs-Élysées comme il mérite de l'être.

CONCERTS POPULAIRES

Ils ont lieu chaque dimanche, à deux heures, au Cirque Napoléon du boulevard des Filles-du-Calvaire, dans le but de propager dans toutes les classes de la société parisienne le goût de la musique classique. But fort louable, but atteint, car, chaque dimanche, on refuse plus de monde qu'on n'en reçoit, — au grand chagrin des refusés.

Ce sont les concerts du Conservatoire mis à la portée de toutes les bourses.

ALCAZAR

Ah! ceci est un café-concert, un estaminet où l'on fume, où l'on boit, tout en consommant une infinité de romances et en ingurgitant une foule de chansonnettes.

La salle est vaste, il y a de nombreuses places en bas et en haut, mais cela ne suffit pas : il faudrait un pavillon des Halles Centrales pour contenir les enthousiastes qui assiégent, chaque soir d'hiver, l'Alcazar du faubourg Poissonnière, et, chaque soir d'été, l'Alcazar des Champs-Élysées.

La bière et le café qu'on sert là sont donc supérieurs à la bière et au café des autres buvettes parisiennes? Oh! non. Mais alors pourquoi consent-on à les payer plus cher qu'ailleurs? Pourquoi? Parce que Thérésa, l'incomparable Thérésa, la Patti de la chope, chante deux ou trois fois dans la soirée des chansons composées exprès pour elle, paroles et musique, par Houyot et Villebichot : *Rien n'est sacré pour un sapeur*, *la Déesse du Bœuf gras*, *C'est dans l'nez qu'ça m'chatouille*, et autres poésies de premier ordre...

Mais que vais-je dire là !

Le moment où je parle est déjà loin de moi.

Thérésa, la diva populaire, a quitté l'Alcazar pour aller demander au soleil des îles d'Hyères un repos dont sa voix fatiguée avait grand besoin. Elle n'a pas perdu sa voix, comme ont voulu le faire croire des chroniqueurs mal intentionnés; elle ne l'a pas perdue : elle ne l'a qu'égarée. Si elle la retrouve, comme le souhaitent tous les amis de l'art, on la reverra cet été, — non plus à l'Alcazar du faubourg Poissonnière, ni à celui des Champs-Élysées : sur la scène du théâtre du Châtelet, où M. Hostein l'a engagée pour toute la durée de l'Exposition. MM. les Étrangers sont rassurés maintenant.

En attendant, et quoi qu'il arrive, le vide qu'avait laissé à l'Alcazar son absence est amplement comblé par la grasse Suzanne Lagier, — une forte chanteuse, dont l'influence a un instant contre-balancé celle de Thérésa, et qui ne tardera sans doute pas à faire tout à fait oublier cette rivale pendant si longtemps préférée. Il paraît que, chaque soir, à l'Alcazar, Suzanne Lagier soulève des tempêtes admiratives et qu'on la porte en triomphe; cela m'étonne un peu : quoique passablement délurée et même grivoise, il lui manque le petit chic canaille qui donnait un si violent relief aux chansons de Thérésa... Le public aurait-il mis de l'eau dans son vin, ou Suzanne Lagier du vitriol dans son cassis?...

BA-TA-CLAN

Un autre Alcazar. L'un est mauresque, l'autre est chinois. Dans la salle du boulevard du Prince-Eugène comme dans la salle du faubourg Montmartre, on boit, on

fume, on chante. Les consommat' se ressemblent, les
chansons seules diffèrent, — le uns et les chanteuses. Ah! dame, on ne trouv us les jours une
Thérésa ou une Lagier : il faut e. longtemps pour
avoir cette chance, et encore !

Pourquoi Ba-ta-clan n'engage-t Rigolboche ?...
Cela vaudrait mieux que son géant s.

LE BEUGLANT

C'est le nom sous lequel on désigne le Café-Concert de
la rue Contrescarpe-Dauphine, — et ce sont ses habitués
qui le désignent aussi irrévérencieusement.

Les artistes du *Beuglant* ressemblent à ceux des autres
établissements du même genre, c'est-à-dire qu'il y a
parmi eux un ténor, un baryton, une basse-taille, un
chanteur comique, une prima donna, un contralto, une
chanteuse légère, une chanteuse comique, etc., et qu'ils
passent en revue, comme ailleurs, le répertoire à la mode
— et même celui qui n'est plus à la mode : *Le Lac, les
Feuilles mortes, les Gendarmes, Ohé! les p'tits agneaux,
Si j'étais petit oiseau, la Légende du grand étang, Mon Es-
pingole, En jouant du mirliti, Jenny l'Ouvrière,* etc., etc.
Mais son public n'est pas précisément le même que celui

des autres cafés-concerts : nous sommes en plein quartier latin, à deux pas du Café Belge, de la Rôtisseuse et de l'École de Médecine !

Au fond, voyez-vous, cette brave jeunesse en fleur qui s'en vient là, dans cette salle de la rue Contrescarpe, passer quelques heures aimables, se soucie fort peu de la musique de Niedermeyer et des paroles de M. Gustave Nadaud ; elle n'écoute pas ce qui se chante sur l'estrade, puisqu'elle chante elle-même dans la salle, riant et causant à gorge déployée, comme il convient à des cerveaux que le plomb de l'âge n'a pas encore frappés. La jeunesse est tapageuse.

Et cependant, pour plaire à ses habitués des deux sexes, étudiantes et étudiants, le directeur du *Beuglant* n'a pas reculé devant la dépense d'une chanteuse *genre Thérésa*...

LE CONCERT DU GÉANT

Encore un Café-Concert destiné aux promeneurs du boulevard du Temple. On y boit, on y fume, on y chante, et, deux ou trois fois dans la soirée, un monsieur très-grand — un tambour-major et demi — circule entre les tables, montrant ses mains énormes aux consommateurs ébahis.

Quand on veut rester là toute la soirée, pour se gorger de romances et se rassasier de la contemplation du géant, il faut avoir soin de renouveler sa consommation, — ce qui rend la soirée coûteuse.

Les Bals de Paris pendant la saison du Carnaval.

VII

LES BALS

Si les théâtres n'existaient pas, il faudrait les inventer pour les Parisiens. Si la danse n'existait pas, les Parisiennes l'auraient inventée depuis longtemps, — et par danse, je n'entends ni la cordace, ni la cybistique, ni la bellicrepa, ni la pyrrhique, ni l'anagogie, ni la sicinnis, ni la dyonisiaque, et encore moins la bourrée, le branle, la carole, le menuet, la gavotte, la gigue, la pavane, la sarabande, le bolero ou le fandango : j'entends le *cancan* — et même le *chahut*. C'est inouï ce qu'il y a de vif-argent et de fulmi-coton dans ces petites jambes qui n'ont l'air de rien du tout, et qui lasseraient cependant les jarrets masculins les plus intrépides, — muscles d'acier sous une enveloppe idéale de fragilité! Infatigables, les Parisiennes, quand il s'agit de leur cher cancan et de leur précieux chahut! Elles ont dansé toute la soirée ici, elles dansent toute la nuit là, elles danseront demain toute la journée si on les en prie, — et surtout si on les en défie. Que d'hommes elles ont mis, mettent et mettront sur les dents!

Les Parisiennes aiment vraiment trop le bal. Je ne dirai pas, pour faire plaisir aux vers d'Hugo, que c'est ce qui les tue; mais j'oserai avancer que cet exercice violent et répété entre pour quelque chose dans la santé délabrée dont *jouissent* mes chères compatriotes, phthysiques pour la plupart — quand elles ne sont pas chlorotiques. Ah! non! les femmes ne font pas de vieux os à Paris...

J'ai déjà raconté ailleurs (1), avec détails et même avec illustration, l'histoire de tous les bals parisiens, depuis le plus élégant jusqu'au plus canaille. Je vais revenir sur ce sujet intéressant, en ayant soin, ainsi que je l'ai fait pour les cafés, pour les restaurants et pour les théâtres, de ne parler que des principaux temples chorégraphiques des différents quartiers de Paris.

(1) V. *Les Cythères parisiennes, historique anecdotique des Bals de Paris*, avec eaux-fortes de Félicien Rops et d'Émile Théroud. 1 volume in-18. E. Dentu éditeur.

BAL MABILLE ET CHATEAU DES FLEURS

>   Allons chez Mabille,
> Charmant et gracieux séjour.
>   Tout, dans cet asile,
> Fuit sur les ailes de l'Amour.
>   Le plaisir facile,
> De gaieté pare le destin,
>   Et le temps qui file
> Laisse des fleurs sur son chemin.

Ainsi chantait-on, il y a vingt ans, lorsque le bal Mabille florissait dans l'Allée des Veuves, la bien nommée ! Alors on ne manquait pas une seule des soirées dansantes qui avaient lieu dans cette oasis au patchouli. Tout le public féminin de la Boule-Rouge, du quartier des Martyrs et de la Chaussée d'Antin s'en venait polker là, et redower, et mazourker, et valser, pour y faire valoir les charmes fascinateurs particuliers que la nature a prodigués à la Parisienne. Et quand les femmes du monde interlope vont quelque part, elles ne tardent pas à y être suivies par les hommes de tous les mondes et de tous les âges, — j'entends ceux à qui leurs moyens permettent d'être amoureux. La lionnerie masculine avait suivi la

88　LES PLAISIRS DE PARIS

Vue extérieure du jardin Mabille.

lionnerie féminine dans le jardin des frères Mabille, et les étrangers, Anglais en tête, s'étaient pressés en foule sur les pas des beautés éphémères devenues les illustrations de ce temple galant, — ou plutôt de cette Bourse de l'Amour, où l'on faisait si facilement prime.

La vogue du bal Mabille, pour avoir été éclipsée quelquefois par d'autres bals, n'a jamais cessé d'être complétement. Ce n'est pas un bal déchu, tant s'en faut, et quand il le veut, l'été, il ramène à lui ses belles infidèles, — non plus celles d'il y a vingt ans, bien entendu, mais leurs filles ; car la graine des drôlesses pousse vite et dru sur notre sol, où l'engrais d'or ne manquera jamais. Quand il n'y en a plus, il y en a encore !

Il en a d'autant plus qu'il a maintenant celles qui étaient les fidèles habituées du *Château des Fleurs*, supprimé depuis deux ans.

Par exemple, le dimanche, le public du Jardin Mabille diffère de son public de la semaine. Dans la semaine, les riches étrangers et les belles mendiantes, les mangeurs d'argent et les mangeuses de cœurs ; mais le dimanche, le bal a une tout autre physionomie. Autant, dans la semaine, on rencontre de belles évaporées avec de grands airs et de riches falbalas, aux bras d'élégants dandies et de grotesques gandins qui s'imaginent en imposer à l'humanité par l'étalage de leurs habits coupés à la dernière mode — du ridicule, — autant, le dimanche, on y rencontre d'honnêtes couples, des couples presque distingués. Dans la semaine, presque tout le monde y vient seul, — dans l'intention de s'en aller à deux. Le dimanche, les hommes peuvent y venir seuls, mais les femmes y viennent toujours accompagnées soit de leurs maris, soit de leurs pères.

LE CASINO CADET

J'en ai parlé au précédent chapitre comme salle de concert. Je dois ajouter que, comme salle de bal, le Casino de la rue Cadet est bien plus suivi. La musique, c'est une belle chose, et cela prédispose assez volontiers les âmes masculines à la tendresse; mais cela n'est pas d'un rapport aussi sûr que la danse pour les filles d'Hérodiade, pour qui Barême est un plus grand compositeur que Richard Wagner. Les jours de concert, on n'a pour unique ressource que les trucs de la toilette et les trompe-l'œil de la démarche, l'une pleine de coquetterie, l'autre pleine de provocation; c'est beaucoup, mais ce n'est pas assez, et les timides, — il y en a parmi les amateurs, — ne sont pas aussi à leur aise pour dire : « Je t'aime, » que lorsqu'ils polkent, valsent, contredansent ou mazourkent avec l'objet convoité. C'est si commode, la danse! cela autorise tant de hardiesses et d'impertinences! Sans avoir l'air de rien, on peut causer librement de ses petites affaires de cœur, faire la demande et l'offre, débattre le prix de ceci et de cela, s'entendre en un mot.

Donc, au Casino de la rue Cadet, les jours de bal, la foule est grande, attirée, non par la musique d'Arban, mais par les illustrations féminines du lieu qui se renouvellent à peu près tous les deux ou trois ans, excepté les chevronnées de la galanterie qui persistent à venir se mêler, astres éteints, à tous ces météores étincelants de jeunesse et de beauté : il ne faut pas que le bazar chôme faute de marchandise, — les acheteurs réclameraient.

Au Casino-Cadet viennent, — entre le dîner et le souper, — toutes les pêches à quinze sous des espaliers des boulevards. Il s'agit pour elles de ne pas rentrer bredouille de leur chasse à l'homme généreux, et ce qu'elles n'ont pas trouvé là, elles espèrent le trouver ici, — à moins qu'elles ne le trouvent ailleurs. Beaucoup d'entre elles, avant d'entrer au Casino, ont *fait* le Cirque, où vont, on le sait et elles le savent, des gentlemen sérieux. Après le Casino, elles retournent au boulevard, à la porte des cafés dont elles sont, depuis quelques années, l'ornement obligé, indispensable même.

Sur les bas côtés de la salle de danse, où l'on circule difficilement, et parquées dans des sortes de box où l'on est admis facilement, sont des femmes de moyenne beauté et de moyenne toilette, — les pêches à deux liards, — qui n'osent pas trop s'aventurer dans le grand promenoir, où les lumières des lustres pourraient commettre des indiscrétions à leur préjudice. Elles ont les mêmes exigences métalliques que les pêches à quinze sous, — quoique n'ayant pas les mêmes raisons de les avoir : ce sont des femmes de chambre émancipées par leurs maîtres, des sous-maîtresses émancipées par les frères de leurs élèves, des bonnes en rupture d'anse de panier, des ouvrières en rupture de magasin, du fretin qui ne vaut pas le beurre de la friture.

LA CLOSERIE DES LILAS

Bonne enseigne pour une boutique de ce genre! Bonne situation aussi, — en plein quartier Latin, à l'extrémité du Luxembourg. La Closerie est un agréable lieu de plaisance qui, s'il n'a pas complétement remplacé la Grande-Chaumière sa rivale et son aînée, l'a du moins fait oublier, — comme madame Plessy-Arnould a fait oublier Mars, et mademoiselle Cornélie, Rachel. On y danse l'été et l'hiver, — en plein air et à l'abri.

Le public de la Closerie des Lilas n'est pas précisément

le même que celui de la Chartreuse, son aïeule. On y voit toujours des étudiants, parce que les étudiants qui aiment la danse ne sont pas fâchés d'avoir une salle de bal à eux comme ils ont, dans le quartier, des estaminets à eux; mais on y voit aussi des gandins, des petits messieurs de Vestoncourt, étudiants ou non étudiants, qui y viennent parce qu'ils sont assurés d'y rencontrer, déguisées en grisettes d'opéra-comique, les divinités qui s'amusent à leur demander dans d'autres bals parisiens le secret de leur porte-monnaie.

Car, je n'ai pas la prétention de vous l'apprendre, monsieur et cher étranger, la grisette est un mythe, un être fabuleux, un joli petit animal antédiluvien, que nos pères affirment avoir connu et qu'ils n'ont que rêvé, comme Cuvier le ptérodactyle ou le mégalonyx. Je sais bien qu'il en a été de la grisette comme du cachot de Dantès imaginé par Alexandre Dumas, et que le gardien du château d'If a dû faire construire pour contenter les nombreux curieux qui demandaient à le visiter, ainsi que le cachot de l'abbé Faria. Pendant quelques années, sous la Restauration et au commencement du règne de Louis-Philippe, de jeunes et jolies demoiselles, à force d'entendre vanter les avantages de la grisette fantastique imaginée par Paul de Kock, s'étaient mis en tête de réaliser ce type et de faire croire aux hommes qu'ils pouvaient être aimés pour eux-mêmes. Elles y avaient presque réussi, je dois l'avouer, à ce point même d'en arriver à croire que leur amour était désintéressé, et qu'elles étaient véritablement des grisettes parce qu'elles en portaient l'adorable costume, petit bonnet de linge, petite robe d'indienne ou de jaconas, petit tablier de soie noire ou de soie puce, petites bottines en coton ou en mérinos, — absolument comme le gardien du château d'If en était arrivé à croire que le pseudo-cachot de Dantès avait servi au héros d'Alexandre Dumas, — absolument comme les menteurs en arrivent à la longue à croire à leurs propres mensonges. Quelques-unes même, parmi ces pseudo-grisettes, se sont asphyxiées pour de bon, — avec du charbon pour de vrai ! On ne saurait pousser plus loin l'amour de l'art et la manie de l'imitation, n'est-ce pas ?

Mais voilà longtemps que les jeunes et jolies demoiselles ont renoncé à jouer ce rôle ingrat de *bonnes filles*, dans lequel il n'y avait que de l'eau à boire et que de la galette à manger. Le désintéressement, cela fait bien dans un roman ; le sentiment, cela fait bien aussi dans un vaudeville ; mais au fond, tout cela, c'est de la bêtise ! Les femmes, quand elles sont jeunes et jolies, sont faites uniquement pour être adorées des hommes vieux ou jeunes, laids ou beaux, mais riches, très-riches ; et quand elles se permettent, par hasard, une *toquade*, un *béguin*, un *chery*, c'est à la condition que cela ne nuira pas à leur petit commerce, et que cela ne les conduira pas à l'hôpital.

Donc, à la Closerie des Lilas, pas plus qu'à Mabille, pas

plus qu'au Château des Fleurs, pas plus qu'au Casino, pas plus qu'ailleurs, ne se trouve ce chastre tant poursuivi par les chasseurs d'autrefois, nos pères, et que nous, leurs fils, nous savons n'exister qu'empaillé dans le Muséum littéraire. Donc, à la Closerie des Lilas comme ailleurs, de jolies oies du frère Philippe, — de pures grues, — qui viennent là deux ou trois fois par semaine pour y faire ce qu'elles font ailleurs. Les louis du quartier Latin sont d'aussi bon or que les guinées du quartier Bréda.

A propos de lilas, éviter les piéges aux bouquets communs à tous les bals dont j'ai parlé jusqu'ici. Vous avez une dame au bras; elle vous entraîne du côté de l'Isabelle de l'endroit qui, aussitôt, sans même vous consulter, lui offre de votre part un superbe bouquet de n'importe quoi qui ne sent rien : coût, vingt francs, — plus ou moins. Comme vous êtes un homme bien élevé, vous vous inclinez et vous payez sans murmurer. Avant une heure le bouquet aura réintégré l'éventaire de la bouquetière, habituée à ces retours à moitié prix, et la dame que vous aviez fleurie se fera fleurir de nouveau, au même prix, par un autre homme bien élevé. Il y a des bouquets qui se revendent ainsi dix et quinze fois dans la même soirée. Si vous ne me croyez pas, essayez-en.

LA REINE BLANCHE

Un esprit chagrin trouverait que c'est un emplacement mal choisi pour un lieu d'agrément, celui sur lequel est installé le bal de la Reine-Blanche, presque porte à porte avec le cimetière Montmartre. Moi, je trouve au contraire que ce voisinage a son originalité, — parce qu'il a son aiguillon; il donne au plaisir plus de ragoût et de saveur, et semble dire à chacune des jeunes folles qui viennent danser là : *Carpe diem!*

Elles cueillent le jour, — mais on les cueille à leur tour, ces belles fleurs amoureuses. Tous les soirs que le Dieu, — des jardins publics, — fait, c'est-à-dire les dimanches, lundis, mercredis et vendredis, il y en a là un riche parterre de blondes, de brunes, de rousses, qui toutes, ou presque toutes, sont jeunes et jolies, plus jeunes et plus jolies qu'ailleurs, assurément. Ce sont les filles naturelles de Manon Lescaut et du chevalier Desgrieux, — des Manon Lescaut qui trahissent leurs chers Desgrieux en faveur de n'importe quels vilains barons, et leurs précieux vilains barons en faveur de leurs coûteux Desgrieux. Ceux-ci sont trahis plus souvent que ceux-là, — qui sont moins aimés que ceux-ci; car c'est ainsi, paraît-il, dans ce monde charmant et corrompu de la galanterie parisienne : on trompe volontiers l'homme qu'on aime au bénéfice d'un homme qu'on n'aime pas.

LE CHATEAU D'ASNIÈRES

C'est la succursale d'été du Casino de la rue Cadet; elle est à dix minutes de Paris, — par le chemin de fer, — dans un château d'une architecture charmante, au milieu d'un parc fort coquet dont la terrasse domine la Seine. Autant dire tout de suite que ce bal champêtre est spécialement hanté par des *biches*

Qui mènent des troupeaux de *daims* paître l'amour

deux fois par semaine, les dimanches et les jeudis, sous les ombrages plus ou moins séculaires du Casino d'Asnières, à tant par tête de bétail : cinquante centimes pour les biches, deux francs pour les daims. Il faudrait vraiment n'avoir pas appétit pour se refuser le plaisir de brouter cette luzerne au patchouli et à la poudre de riz.

Biches et daims à part, le Casino d'Asnières vaut le déplacement, et je comprends que les canotiers parisiens y fassent escale en compagnie de leurs canotières, — pour la plupart habituées d'hiver du Casino-Cadet.

Outre le bal, conduit par le chef d'orchestre Rochefort, il y a là des jeux de toute espèce, des escarpolettes, l'inévitable tir au pistolet, — avec ses inévitables équivoques, — et quelquefois des feux d'artifice. Je ne parle que pour mémoire du restaurant spécial, Asnières étant encombré de cabarets où l'on peut manger force fritures et force matelotes.

LA SALLE VALENTINO

Quoiqu'elles n'aient plus la vogue du temps jadis, les soirées dansantes de Valentino sont toujours suivies, et toujours, les mardis, jeudis et samedis d'hiver, beaucoup de voitures s'arrêtent devant le n° 251 de la rue Saint-Honoré, où ont lieu ces soirées dansantes. Ce n'est pas la haute bicherie qui le hante, mais il a une assez jolie collection de grues pour attirer une assez belle collection de cocodès, — sans compter les messieurs et les dames qui n'appartiennent à aucune catégorie définie du demi-monde parisien.

Marx fait de louables efforts qui mériteraient d'être encouragés, et son orchestre pistonne avec autant d'entrain que n'importe quel autre; mais le Casino est là, et d'autres

bals aussi, qui ont barre sur cette salle de bal, qui a ue jadis de si beaux soirs... De temps en temps, Valentino retrouve la monnaie de ces beaux soirs-là, — les jours où il y a bal de nuit.

LE WAUXHALL

Le bal préféré de la jeunesse du quartier du Château-d'Eau, — et même de quelques autres quartiers. L'archet de Pilodo, du célèbre Pilodo, y mène la danse les dimanches, lundis, mercredis et vendredis de chaque semaine, à la grande joie des danseurs et de leurs danseuses, — qui aiment à se sentir enlevées.

Ces danseurs et ces danseuses appartiennent à l'ordre composite : les uns sont des chevaliers du mètre, les autres sont autre chose; les unes sont des gigolettes, les autres sont autre chose aussi, — Manons et Desgrieux mêlés. Ce n'est pas rue de la Douane, je suppose, qu'on espère rencontrer des duchesses et des attachés d'ambassades...

LE BAL DE SCEAUX

Nous n'avons pas craint de sortir de Paris à propos du Casino d'Asnières, cela nous autorise à en sortir de nouveau pour visiter rapidement un bal qui se rattache aux établissements du même genre précédemment décrits.

L'endroit est charmant, et je comprends que les Parisiens et les Parisiennes le fréquentent volontiers, pendant la belle saison. Sous les marronniers de ce parc de Sceaux, seul vestige du château de la duchesse du Maine, sous ces arbres toujours verdoyants, éclairés chaque année du même soleil, caressés par les mêmes parfums, ont dansé plusieurs générations. Les muscadins et les muscadines, les incroyables et les merveilleuses, les beaux et les belles du Directoire, de l'Empire et de la Restauration y sont venus, les uns par genre, les autres par goût, avec leurs costumes bizarres, extravagants, ridicules, — ceux des femmes exceptés, car jamais, à aucune époque de la mode, et malgré l'imagination saugrenue de leurs couturières et de leurs modistes, les femmes ne sont parvenues à être ridicules : elles le voudraient qu'elles ne le pourraient pas.

Le public actuel n'a pas le dévergondage aimable du public du Château d'Asnières ou du Parc d'Enghien : c'est un public bourgeois, saupoudré de villageoises, qui s'amuse autant que l'autre, et qu'il est aussi agréable de regarder danser que l'autre. Ce n'est ni Musard, ni Arban, ni Strauss qui conduit le *bal à grand orchestre* de Sceaux : c'est tout simplement un M. Hermann à qui ses musiciens obéissent avec un ensemble, une mesure que n'ont pas tous les orchestres des environs de Paris, — ni même de Paris. Et puis, quand elles ont bien envie de danser, les jambes n'ont pas besoin d'y être invitées par les oreilles : elles dansent d'elles-mêmes sous l'inspiration de cette musique du sang qui résonne si impérieusement en nous, — lorsque nous sommes jeunes.

LE CHATEAU ROUGE

Le bal à la mode, autrefois, il y a vingt ans. C'était plus qu'un engouement, c'était une rage : on s'écrasait littéralement les pieds sous les ombrages de ce jardin, que recommandait le souvenir de Gabrielle d'Estrées et de son royal amant Henri IV. Trois fois par semaine, la fashion parisienne des deux sexes ne craignait pas de gravir les pentes un peu raides de la chaussée Clignancourt pour venir s'amuser à trois francs par tête dans cet Élysée de la galanterie. Je ne sais pas si on s'y amusait en réalité plus qu'ailleurs; mais il était de bon goût de le croire alors, et on le croyait.

Les engouements ne font pas long feu chez nous. Après avoir été à la mode, le bal du Château-Rouge cessa d'être fréquenté, du moins par le même public, et l'herbe poussa dans sa salle de danse. Je le croyais mort : il est ressuscité, à ce qu'il paraît. Tant mieux! plus il y a de bals à Paris, plus on danse.

L'ÉLYSÉE MONTMARTRE

Il est plus fréquenté que le précédent bal, parce qu'il es' moins éloigné de Paris. C'est quelquefois une raison de succès, l'éloignement ; quelquefois aussi c'est une raison d'insuccès. Les danseuses qui vont à Mabille ne sont pas celles qui iraient volontiers au Château-Rouge, si le Château-Rouge était situé sur le boulevard Rochechouart comme l'Élysée ; car, remarquez, les premières vont à leur bal en voiture et elles en reviennent de même, tandis que les autres vont à pied au leur et en reviennent également à pied, et, si elles n'hésitent pas à se fatiguer toute la soirée, à danser, elles regardent à quelques pas de plus à faire pour se procurer cette fatigue dont elles sont si friandes. Marcher, ce n'est pas la même chose que danser ! L'oiseau, fait pour voler, se fatigue vite à trottiner.

Les habitués de l'Élysée Montmartre sont un peu mêlés. Les hommes sont, ou des rapins de lettres, ou des artistes, ou des commis, ou des jeunes gens « trop beaux pour rien faire », ou des quinquagénaires libertins, etc.

LE BAL CONSTANT

Il est connu depuis longtemps, comme le nom de ses fondateurs, MM. Constant père et fils, et le premier passant venu vous l'indiquera, — surtout si vous le demandez sous son appellation primitive, les *Mille-Colonnes*.

Les *Mille-Colonnes* sont l'établissement le plus important de cette bruyante rue de la Gaieté, où foisonnent les cabarets et les guinguettes et où, le dimanche et le lundi, on ne peut faire un pas sans écraser un ivrogne. C'est, en même temps, le Jardin Mabille et le Véfour du quartier Montparnasse : on y danse et on y mange. On y mange tous les jours; on y danse tous les dimanches, lundis et mercredis, — le mercredi moyennant un franc, les autres jours moyennant cinquante centimes.

L'élément honnête est plus abondant à ce bal que dans les autres déjà nommés ; on aurait tort cependant d'y venir chercher des rosières — qu'on aurait de la peine à y trouver. Ce sont des jeunes filles avec leurs chaperons naturels, pères ou mères ; des jeunes femmes avec leurs amants ; des jeunes gens sans maîtresse et désireux d'en avoir, etc. Pendant que les uns se trémoussent, d'autres, plus calmes — ou plus timides, — les regardent, assis devant les tables qui entourent la salle de danse, sous les arbres, en buvant n'importe quoi, bière ou café, vin ou limonade. Cela donne au Bal Constant une physionomie à part, faite pour tenter l'observateur. Allez-y une fois, monsieur et cher étranger, afin de varier vos plaisirs.

LE BAL DE LA BOULE NOIRE

J'ai parlé du restaurant, il me faut parler maintenant du Bal qui y est annexé.

Restaurant ou bal, bal ou restaurant, la *Boule Noire* est connue et hantée par tout le quartier Breda. Toutes les lorettes y ont soupé avec leurs *protecteurs*; toutes y ont dansé avec leurs amants : Coquardeau par-ci, Arthur par-là, — amour et cuisine mêlés. — « Où voulez-vous que je vous conduise, chère âme? — A la *Boule Noire*, monsieur : on y dîne bien. » — On danse ici, comme là, les dimanches, lundis et jeudis, et, grâce au voisinage des deux bals, quand elles s'ennuient ici, parce qu'il n'y a *rien à frire*, elles vont là, où du moins elles sont assurées de s'amuser avec leurs *bébés*.

LE BAL DOURLANS

C'est le Bal Constant de la Barrière de l'Étoile, et, comme le Bal Dourlans de la rue de la Gaieté, son public a une physionomie particulière qui le signale à l'attention des amateurs.

Le quartier de l'Arc de Triomphe est envahi depuis longtemps par des familles anglaises, russes, finlandaises qui, en leur qualité de familles, se composent naturellement de grandes personnes et d'enfants, de femmes de chambre pour les premières et de bonnes pour les seconds. Donc, trois fois par semaine, le bal Dourlans est envahi par une nuée de chambrières russes, anglaises et parisiennes, parmi lesquelles se rencontrent d'assez jolies filles qui, demain ou après-demain, transformées par l'amour ou par le vice, seront des filles à la mode.

La partie masculine du public de Dourlans se compose de commis, d'employés, d'ouvriers endimanchés, de domestiques, etc. — Je ne vous étonnerai pas en vous disant que ces Parisiens-là parlent moins bien français que les petites bonnes anglaises et finlandaises auxquelles ils font vis-à-vis, et qui, en quatre mois, en savent plus qu'eux à vingt ans sur les mystères de la langue de

Bossuet. Les femmes du Nord — femmes de chambre ou de salon — ont reçu du ciel le don de parler toutes les langues.

LE BAL DU VIEUX CHÊNE

Ne faut-il pas tout connaître? Le plaisir est un Protée : il faut le suivre et le saisir partout où il se trouve, quelque forme qu'il ait. Assurément le bal du Vieux-Chêne n'a aucun rapport — mais aucun! — avec le bal Mabille, pas plus que la rue Mouffetard avec les Champs-Élysées; mais c'est précisément à cause de ce contraste qu'après avoir vu l'un on cherche à voir l'autre, afin d'avoir au moins une idée de tous les mondes parisiens.

Voilà une trentaine d'années que le bal du Vieux-Chêne existe à la même place, dans la même rue Mouffetard, dans l'arrière-boutique d'un marchand de vins, et toujours il a eu le même public, les mêmes faubouriens et les mêmes faubouriennes. Ils aiment cette salle nauséabonde, dont l'atmosphère ambiante est familière à leurs poumons; ils seraient gênés dans un autre lieu, plus hygiénique; ils danseraient moins bien sur un parquet plus propre, au son d'un orchestre plus harmonieux : ils *rigo-*

leraient moins, en un mot — qui est le principal mot de leur langue.

Quand on a consenti à braver les brutalités de cette atmosphère populacière, et qu'on est parvenu — moyennant 25 centimes, en consommation — à s'installer sans hoquets dans un coin de la salle du bal, cela devient curieux. Le peuple, et surtout une certaine fraction du peuple, *the mob*, ne s'amuse pas comme tout le monde ; sa joie est d'une composition particulière, celle des enfants — avec la férocité en plus. Il ne se trémousse pas, il se désordonne pour ainsi dire, et ne craint pas de faire des *bleus* aux poignets qu'il serre le plus tendrement, — ce qui, du reste, n'a pas l'air de déplaire aux poignets. La joie est comme cette divinité que les Romains peignaient enveloppée d'un voile si blanc, que l'haleine, pour peu qu'elle ne fût pas très-pure, le souillait : la populace fait plus que de souiller le voile, elle le déchire...

Les habitués du bal du Vieux-Chêne font partie de cette race sinistre qui ne pousse vraiment qu'à Paris, entre les fentes des pavés, dans les ruisseaux, et que Victor Hugo a essayé de poétiser en la personnifiant dans son Gavroche. Beaucoup de Gavroches, beaucoup de Montparnasse et de Claquesous aussi, — avec leurs Éponines et leurs Fantines : des voyous de quatorze ans avec des voyoutes de douze, des enfants qui n'ont jamais eu d'enfance, des filles qui n'ont jamais eu d'innocence, — gibier de Cayenne les unes, gibier de Saint-Lazare les autres. Mais quoi ! le faubourg Saint-Marceau n'a pas la prétention de fournir des Jeanne Darc et des prix Montyon aux autres quartiers de Paris.

Je clos ici la liste des principaux bals parisiens, bals d'hiver ou d'été. J'aurais voulu les nommer tous, si cela avait été nécessaire; mais à quoi cela vous aurait-il servi de connaître le *Bal Bourdon* et le *Bal des Chiens*, les *Barreaux Verts* et le *Galant Jardinier*, le *Jardin d'Hébé* et l'*Élysée Ménilmontant*, le *Bal Gélin* et le *Tivoli-Montmartre*, l'*Aigle Impériale* et le *Bal des Délices*, le *Jardin d'Idalie* et le *Bal de la Tourelle*, le *Bal Ragache* et le *Jardin de Paris*, le *Bal des Éléphants* et le *Bal du Sauvage*, le *Salon d'Apollon* et le *Salon de la Réunion*, le *Bal Saint-Fargeau* et la *Belle Moissonneuse*, le *Pré aux Clercs* et le *Salon de la Victoire*, le *Bal Kreff* et le *Bal de l'Ardoise*, etc., etc. La quantité n'a jamais valu la qualité, et je crois vous avoir donné les meilleurs échantillons en tous genres, en vous parlant des bals précédemment nommés. Ceux-ci auraient fait double emploi avec ceux-là, et je n'aurais plus eu de place pour mentionner convenablement les bals masqués, auxquels j'ai hâte d'arriver.

BALS MASQUÉS

LE BAL DE L'OPÉRA

« Le bal masqué de l'Opéra, disait le bon *Ermite de la Chaussée d'Antin*, n'a dévié de son institution que dans les moyens et dans les formes; le but est le même, mais on l'aperçoit trop tôt, et peut-être y arrive-t-on trop vite, » — c'est-à-dire, en français plus clair, peut-être se dépêche-t-on trop d'aller souper en cabinet particulier, avec les aimables *intrigantes* que l'on a rencontrées dans la salle ou dans le foyer.

Eh bien! Où est le mal? Pourquoi, s'il vous plaît, les hommes vont-ils au bal de l'Opéra, en habit noir ou en costume de carnaval, si ce n'est en vue de ce dénoûment? Ils dansent, je le sais bien; ils s'y *engueulent* aussi, je le sais aussi; mais, quand ils ont bien dansé, quand ils se sont bien *engueulés*, ils emmènent leurs bébés ou leurs pierrettes, ou leurs dominos, et vont achever de rire sous les lambris dorés de la Maison du même nom. Tant mieux pour eux s'ils ont mis la main sur une duchesse en rupture de blason, ou tant pis pour eux s'ils ont passé leur bras autour de la taille d'une simple figurante du Théâtre Déjazet! Au petit bonheur! La nuit du bal de l'Opéra, tous les cœurs sont gris et toutes les frimousses sont roses : vivent la joie et les truffes au champagne!

Laissons M. Prudhomme médire du bal de l'Opéra et continuons d'y aller dépenser nos jarrets et nos napoléons. Si nous ne dansons pas pour notre propre compte, regardons danser les autres : le spectacle a son prix! Cette cohue de masques étranges, grotesques, ridicules, insensés, et de jupes blanches, roses, bleues, tourbillonnant enlacés sous les mille lueurs du gaz, s'appelant d'un bout de la salle à l'autre avec des cris de joie empruntés au Jardin d'acclimatation; ces trémoussements cadencés, ces formes multiples que dessinent nettement des étoffes soyeuses; cette musique voluptueuse, pleine d'invitations à la valse d'*Il Bacio*, qui s'échappe en ondes sonores de l'orchestre de Strauss, — tout cela vaut son pesant d'or pour quiconque a encore bon pied, bon œil, bonnes dents, bon estomac, et le reste. Le bal masqué, c'est le plaisir le plus réel, puisque c'est la folie la mieux caractérisée, et que, plus on est fou, plus on rit! Vive le bal masqué! Gloire et longs jours au bal de l'Opéra!

L'hiver, il n'y a pas de bals masqués qu'à l'Opéra. D'autres théâtres transforment leur salle à l'intention et à l'usage des amateurs. Et puis, avec les théâtres, les salles de bal ordinaires, Casino, Valentino, Wauxhall, etc. Paris entier n'est qu'un immense bal masqué. Je n'ai pas à recommander celui-ci plutôt que celui-là : c'est à vous de choisir ce plaisir-là vous-même, en vous servant pour cela des éléments que j'ai eu l'honneur de vous fournir en parlant du public spécial à chacun des bals parisiens. Il est bien certain que les habituées du Casino-Cadet, bien qu'elles aillent un peu partout où le soin de leurs affaires les oblige d'aller, ne sont pas cependant les habituées des bals masqués du Wauxhall, — pas plus que les habituées du Wauxhall ne sont les habituées des bals masqués du Casino-Cadet. Chaque nation a son peuple propre : autant de bals, autant de pays différents. Les prêtresses d'Amathonte ne sont pas celles de Paphos, celles de Cythère ne sont pas celles de Gnide, — quoiqu'elles le soient toutes de Vénus...

BALS DU DEMI-MONDE

Comme au chapitre *Femmes*, — le plus délicat et le plus difficile à traiter, et qu'à cause de cela je réserve pour le dernier, — j'aurai occasion de parler des différentes catégories de Parisiennes, parmi lesquelles celles dites du *Demi-Monde,* je reste muet pour l'instant, sur cet épineux sujet.

Ce Demi-Monde, dont Alexandre Dumas fils a été le Christophe Colomb, et que quelques impertinents folliculaires confondent à dessein avec la Haute-Bicherie, a des bals comme tous les autres mondes d'au-dessus et d'au-dessous de lui ; mais ils ne ressemblent ni aux uns ni aux autres, — tout en participant un peu des uns et des autres. Quand ailleurs, dans les temples dédiés à la Terpsychore bonne fille, le chahut règne en maître absolu, avec tout son débraillé et ses extravagances de jambes et de bras, dans les bals du Demi-Monde, au contraire, on y respecte davantage les convenances : pas le moindre cancan, mais bien le cotillon, la redowa, la mazourka, les lanciers, et quelques autres danses de même poudre de riz. A cause de cela, et de certains autres avantages que les gens délicats ont raison de priser, ils sont plus recherchés, et leurs illustrations féminines plus courues.

Les trois principaux bals du Demi-Monde portent trois noms d'hommes, qui sont trois professeurs de danse : Cellarius, Laborde, et Markowski.

Cellarius est, non pas l'inventeur, mais l'importateur de la polka, — ce qui est un titre. Les premiers temps de la polka furent les beaux temps des salons de Cellarius, devenus le sanctuaire de cette danse lithuanienne qui devait une partie de son succès aux éperons d'or dont il fallait absolument que les danseurs fussent ornés, et le jeune professeur — qui a aujourd'hui une vingtaine d'années de plus — put se croire quelque chose : il était à la mode aussi. Depuis cette époque, ses salons de la rue Vivienne n'ont jamais cessé d'être fréquentés, et ses cours de danse et de bonne tenue, d'être suivis par le dessus du panier de la Haute-Bicherie parisienne. Chaque année, il donnait des bals de quinzaine où étaient admises toutes les dames de bonne volonté qui se présentaient avec une toilette excessivement élégante ; mais cet hiver, Cellarius a fait un petit coup d'État en résignant une partie de ses pouvoirs entre les mains d'une danseuse de l'Opéra fort connue : désormais, pour être admis à ses intéressantes sauteries, il faut avoir une lettre d'invitation signée de mademoiselle X... Cellarius appelle cela des *Bals d'artistes*, mais quoi qu'il en dise, et précisément parce que le public féminin se compose de demoiselles de théâtre, ce sont des bals du demi-monde, — les plus agréables peut-être de tous. Pour un louis on en voit la farce, et ce n'est pas payer trop cher le plaisir de tenir dans ses bras, sous prétexte de quadrille de lanciers ou de cotillon, la jolie mademoiselle Martine, du Palais-Royal, ou la belle mademoiselle Lucie Fréval, de la Porte-Saint-Martin, ou la piquante Silly, des Variétés.

Si Cellarius a eu — et a encore — de la célébrité, Markowski n'en a pas eu moins que lui. A Cellarius la polka, mais à Markowski la friska. Tous deux étaient rivaux, comme toutes deux rivales. Ils partageaient le monde des jambes en deux camps, comme jadis Gluck et Piccini le monde des oreilles. Mais, depuis longtemps, ils ne se jalousent plus, — depuis que l'engouement public a baissé. Cellarius donne ses soirées dansantes et ses bals de nuit dans ses salons de la rue Vivienne ; Markowski, exproprié de la rue Buffault, donne, lui aussi, des soirées dansantes et des bals de nuit, tantôt ici, tantôt là.

Quand à Laborde, une célébrité mixte, professeur de danse et meneur de cotillons galants, je n'ai rien de plus, rien de moins, à en dire. Il ne me reste qu'à donner son adresse.

Gladiateur (gravure extraite du *Derby*).

VIII

LES CERCLES ET LES CLUBS

Il ne s'agit pas ici, bien entendu, des cercles ni des clubs politiques, mais purement et simplement des associations d'hommes du monde constituées, comme toutes les associations, en vertu de la loi des affinités, — et un peu aussi de celle du caprice. L'Angleterre a ses *club-houses*, la France a ses cercles. Depuis combien de temps ? depuis que la manie de l'imitation anglaise s'est emparée de nous. Autrefois, nous imposions nos mœurs : aujourd'hui, nous nous laissons imposer celles de nos voisins d'outre-Manche. Il y a cette différence entre les clubs anglais et les clubs français, que les premiers ont exercé et exercent encore une véritable influence sur la politique, sur la littérature, sur les arts, sur toutes les choses de la vie, et que les nôtres n'exercent d'influence sur rien. Ce sont des salons neutres où facilité est donnée à tout homme bien élevé de jouir, grâce à une participation relativement minime, des avantages que pourrait seule procurer une grande fortune : divans moelleux, bibliothèque nombreuse, cuisine choisie, cave d'élite, tables de jeu, conversation aimable, rapports agréables, etc.

Je n'ai pas à faire l'histoire des *club-houses* de Londres; je n'ai même pas à raconter le pourquoi de la formation des cercles parisiens : cela nous mènerait trop loin, mes lecteurs et moi, — et nous n'avons ni le temps ni l'envie d'y aller. Je dois me borner à donner la liste des principales agrégations plus ou moins aristocratiques, plus ou moins frivoles, plus ou moins inutiles qui constituent une des curiosités et un des plaisirs de Paris. On trouvera, d'ailleurs, dans le livre de M. Charles Yriarte (1), et *in extenso*, tous les renseignements que je suis forcé d'écourter ici.

LE CERCLE DE L'UNION

C'est, je crois, le plus ancien de tous, et c'est, en tous cas, le premier par sa *nobility* et les difficultés d'admission. Il a été fondé en 1828 par le duc de Guiche, ancien menin du Dauphin, au coin de la rue de Grammont, et depuis 1857 il est installé au boulevard des Capucines.

(1) *Les Cercles de Paris*, 1864; 1 vol. in-8°. Chez tous les libraires.

« *L'Union*, considérée dans ses rapports sociaux, est une barrière d'or qui représente assez bien celle de la salle du Trône du palais de Vienne, qui ne s'ouvre que pour les ambassadeurs des puissances continentales. C'est une aristocratie dans l'aristocratie, un cercle de grands seigneurs aimables, polis, riches et puissants, qui pourraient employer leurs forces vives au développement d'une idée et d'un progrès, mais qui regardent cette culture comme dévolue à une autre classe que celle dont ils font partie. »

Au premier étage, grand salon de jeu et de conversation, salon de lecture pour les journaux, salle de billards. Au second étage, bibliothèque, salon de lecture, salles à manger. Au troisième étage, six cabinets de toilette. Nombreux domestiques.

La cave de *l'Union* est célèbre par son léoville et son clos-vougeot. Les jeux habituels du cercle sont le whist et le piquet; très-rarement le lansquenet, le baccarat ou la bouillote. « Quoique, à différentes époques, on ait joué très-gros jeu, on n'a jamais eu à regretter dans ces salons aristocratiques une seule contestation ou une scène malséante. »

LE JOCKEY-CLUB

Cercle d'encouragement pour l'amélioration des races de chevaux en France, fondé en 1833, à l'instar de celui de New-Markett. Installé d'abord rue Drouot, et aujourd'hui au coin du boulevard des Capucines et de la rue Scribe.

Les conditions d'admission y sont moins rigoureuses qu'au Cercle de l'Union; la principale est la *respectability*. Le nombre des membres, illimité, est présentement de 650, parmi lesquels des jeunes gens de grande famille, de province ou de Paris, qui tiennent à honneur de siéger dans la tribune du Jockey; des officiers généraux, des membres du corps diplomatique, des étrangers, des financiers, de hauts industriels, enfin des gens distingués qui ont le goût des chevaux et l'amour de la dépense. On y cause et on y joue beaucoup.

Il y a, comme au Cercle de l'Union, des salons de jeu, de lecture, des salles à manger, une salle de billard, une bibliothèque; de plus, un *betting-room*, salon spécial aux choses du sport, livres, emblèmes, attributs, tableaux, etc. et où se font les paris de toutes sortes.

BÉBÉ-CLUB

Bébé ou *Baby*, au choix; mieux encore, *Club des moutards*, dont le siége est rue Royale, au-dessus de la boutique d'Imoda, le glacier à la mode. Bien qu'il soit composé pour ainsi dire du dessous du panier du Jockey-Club, — des *black-balls* ou refusés, — les conditions d'admission sont très-sévères, l'entrée et l'abonnement hors de prix. La plupart des membres sont des jeunes gens du faubourg Saint-Germain, ducs, comtes ou barons, à qui leur âge ne permet pas encore l'accès du Jockey-Club, mais qui n'en mènent pas moins joyeuse vie.

Au Bébé-Club sont installés une salle d'armes et un salon de gymnastique. On y soupe et on y joue; on y joue même assez gros jeu, puisque l'un des membres de ce cercle, M. de M...., y a perdu récemment 200,000 francs.

LE CERCLE AGRICOLE

Fondé en 1835, dans l'hôtel de Nesles, à l'angle de la rue de Beaune et du quai Voltaire. Il vient d'être transporté quai d'Orsay, près du Corps législatif. Il a, malgré son appellation, les membres les plus aristocratiques. C'est le refuge des vieilles croyances et des vieux préjugés. Malgré cela, il ne craint pas d'admettre les hommes d'une classe inférieure, artistes, bourgeois, agronomes qui ont conquis leur place à force d'intelligence et d'honorabilité.

On y dîne, on y joue, on y cause comme ailleurs. La table y est une des meilleures de Paris, mais le jeu y est des plus calmes.

LE CERCLE DES GANACHES

Ce n'est pas moi qui lui donne ce nom irrévérencieux, vous le pensez bien. Il est installé au boulevard Montmartre et se compose de magistrats, de généraux en retraite, de médecins, de notaires et autres personnes considérables et considérées, fidèles aux vieilles traditions et qui ont longtemps protesté contre toutes les innovations, — par exemple contre le cigare.

On y cause peu et on y joue encore moins. Je n'oserais affirmer, d'après cela, qu'on s'y amuse énormément.

L'UNION ARTISTIQUE

Fondé en 1860, rue de Choiseul, dans le but d'établir une fusion entre les artistes et les gens du monde. C'est une réunion d'hommes jeunes pour la plupart, et distingués, cela va sans dire, qui s'occupent très-peu de l'amélioration de la race chevaline, mais beaucoup des questions qui se rattachent de près ou de loin à l'art et à la littérature.

« Le Cercle de l'Union artistique, dit Charles Yriarte, est un de ceux dont *il faut* être quand on appartient à un certain monde. »

LE SPORTING-CLUB

Fondé il y a trois ou quatre ans, sur le boulevard des Capucines, par M. de Saint-Germain, le sportman qui s'est tué à Spa. L'admission y est assez facile. Composé en grande partie de viveurs d'élite qui aiment à jouer gros jeu. On s'y occupe beaucoup de courses et de paris.

LE CERCLE DES CHEMINS DE FER

Installé depuis 1855 au coin de la rue de la Michodière et du boulevard des Italiens. Prix d'entrée, 200 fr. Cotisation annuelle moins élevée que celle des autres cercles. Salons de jeu, salles à manger, bibliothèque (spéciale), etc.

« Le Cercle des Chemins de fer est un des plus vivants de ce temps-ci ; il tend à une très-grande prospérité et répond très-directement à un besoin. Quoique très-suivi, il est calme et sérieux : la nouvelle politique et le mouvement économique y constituent la grande émotion. »

LE CERCLE DES ROSIÈRES

Installé depuis trois ans sur le boulevard Malesherbes, au coin du passage de la Madeleine. Il est composé en majorité de jeunes gens de bonne famille qui dédaignent de faire partie du Bébé-Club, — qui dédaignent ou qui ne peuvent. Les conditions d'admission en sont assez rigoureuses. Le prix d'entrée est de 400 fr. L'abonnement annuel est de 200 fr. On y joue, mais presque raisonnablement, — ce qui étonne de la part d'une association de jeunes gens.

Maintenant, pourquoi cette dénomination de *Cercle des Rosières ?* Ma réponse est simple : je l'ignore.

LE CERCLE IMPÉRIAL

Il a été établi, il y a peu d'années, dans l'ancien local de l'ambassade ottomane, à l'angle de l'avenue Gabrielle et de la rue des Champs-Elysées. L'élément officiel y domine naturellement : officiers généraux attachés à la cour, dignitaires du château, préfets du palais, etc. Fort peu de diplomates, cependant. On y joue gros jeu et on s'y montre très-difficile sur les admissions.

LE CERCLE DES ARTS

Une réunion de gens de bourse, de magistrats, d'avocats, de notaires, de rentiers, tous gens fort honorables assurément, mais qui n'ont rien d'artistique dans leurs habitudes. Confortables salons, d'ailleurs, où l'on cause et où l'on joue, mais sans passion. Il serait audacieux d'avancer qu'on s'y amuse.

N'a aucune ressemblance avec sa voisine, l'*Union artistique*, vraiment composée d'artistes, elle. L'une est installée au milieu de la rue de Choiseul, l'autre à l'angle de cette rue et du boulevard des Italiens.

LE CERCLE DES ÉTRANGERS

Il est situé au coin du boulevard et de la rue de Grammont, dans l'ancien local du Jockey-Club. Ainsi que l'indique son nom, beaucoup d'étrangers le fréquentent : Espagnols, Portugais et Hispano-Américains. On y joue beaucoup.

LE CERCLE DE SAINT-HUBERT

Installé au boulevard Montmartre, dans la maison Frascati. Les membres en sont peu nombreux, et la plupart sont des abonnés du *Journal des Chasseurs*. On y cause beaucoup et on s'y amuse de même.

LE CERCLE DU PAVILLON DE HANOVRE

Un club de boursiers, qui viennent s'y délasser des préoccupations et des agitations de la *corbeille* en causant et en jouant. Ils y jouent moins gros jeu qu'on ne serait tenté de le supposer d'après leur profession. Quant à leurs conversations, ce n'est pas être indiscret que d'avouer qu'elles ont pour sujet principal, disons unique, les aventures scandaleuses des princesses de la rampe — et du trottoir. C'est plus agréable que les conversations du Cercle des Arts ou du Cercle des Ganaches.

Mercure, Dieu du commerce, ne fut-il pas fort aimé de Vénus, déesse de la beauté ?...

LE ROWING-CLUB

Je n'aurais garde de l'oublier : n'a-t-il pas son intérêt comme les autres, — et même davantage ? Il est spécial, comme le Jockey-Club. On s'y occupe de régates, de courses, de sport nautique, — un sport comme l'autre, le premier sport, et qui a pris, depuis une dizaine d'années, une importance et un développement dont il faut tenir compte. Les membres en sont naturellement des amateurs de canotage, des marins d'eau douce, qui montent des yoles et des périssoires, faute de pouvoir ou de vouloir monter des chevaux arabes ou des chevaux anglais, et qui éprouvent les mêmes émotions de joie et d'orgueil à voir arriver *Florida* première, que les sportsmen à voir arriver *Vermouth* premier.

Le *Rowing-Club* a son grand Derby et son Prix impérial que viennent disputer à ses canotiers indigènes les canotiers de Belgique, d'Angleterre et de Hollande. Réuni au *Sailing-Club*, il forme la *société des Régates parisiennes*, dont M. Benoît-Champy fils est le président.

IX

LES COURSES DE CHEVAUX

L'Angleterre avait les siennes, nous avons voulu avoir les nôtres. Il est seulement singulier que cette anglomanie date du premier empire, — époque où la France n'avait pas précisément de grandes raisons d'être anglomane, puisque la plupart des Français étaient anglophobes. Toujours est-il bel et bien que c'est à Napoléon Iᵉʳ qu'on doit, — sous prétexte d'amélioration de la race chevaline, —

l'importation et l'organisation des courses de chevaux, ainsi que la création des haras et des dépôts d'étalons, qui en sont la conséquence naturelle. Malgré cela, et les événements politiques aidant, nous n'avions pas encore bien positivement la passion du cheval, qui est pour ainsi dire dans le sang anglais, et il nous a fallu traverser deux ou trois règnes, Louis XVIII, Charles X et Louis-Philippe, avant d'arriver où nous en sommes. Et nous en sommes juste au même point que l'Angleterre, où la *sporting life* est depuis longtemps la vie nationale, — depuis Jacques Ier pour ainsi dire; — de ce côté-ci de la Manche comme de l'autre côté, ce qui n'était à l'origine qu'un amusement et un spectacle est devenu une science et une institution. Saluons !

« Des personnes se demandent si les courses de chevaux sont réellement utiles à l'agriculture ou à l'industrie, et quelques-unes d'entre elles inclinent à penser que ces bêtes de parade ne servent qu'aux plaisirs des riches amateurs. Cette opinion ne résiste point au contrôle des faits. La *race horse* constitue ce que les Anglais appellent un *standard*, c'est-à-dire un type, un idéal qui maintient le reste de la race chevaline à une hauteur respectable. Pourquoi rejetterais je une comparaison qui m'a été faite plus d'une fois par les *turfist s ?* Les grands écrivains d'un pays, disent-ils, ne représentent pas toujours la supériorité du pays lui-même; ce sont, si l'on veut, des esprits de luxe, des esprits d'élite : qui oserait pourtant nier qu'ils ne servent à élever dans les masses la moyenne de l'intelligence? Eh bien, la beauté physique a aussi besoin d'être soutenue par des modèles, et c'est à ce besoin que répond, en ce qui regarde les chevaux, la classe des *thorough bred*. Croisés avec d'autres types plus robustes et plus résistants, ils donnent de vaillants élèves pour l'agriculture et le travail. C'est grâce à eux en partie que l'Angleterre, le pays où la moyenne de la vitesse est plus grande que partout ailleurs, a formé son excellente race de chevaux de traits. Aussi les moins enthousiastes et les plus désintéressés dans la question reconnaissent-ils que la Grande-Bretagne a eu raison d'entourer de toutes sortes d'attraits et de solennités des jeux au fond desquels on distingue l'accroissement de la puissance humaine sur la matière. »

Si l'Angleterre a eu raison, la France n'a donc pas eu tort. Elle a ses courses, nous avons les nôtres. Elle a Epsom, Ascot et Newmarket : nous avons la Marche, Vincennes, le bois de Boulogne, Chantilly, Fontainebleau, le Vésinet et Porchefontaine. Je ne veux pas faire l'histoire de la *Société d'encouragement* française, qui doit sa formation aux membres du *Jockey-Club* français : je constate seulement des excellents résultats comme gloire, et non, bien entendu, comme amélioration de notre race chevaline, — ce qui serait à constater ou à contester ailleurs que dans ce livre consacré spécialement aux choses frivoles. En 1856, c'est-à-dire vingt-trois ans après la création de la *Société d'encouragement*, s'ouvrait l'ère de nos victoires hippiques : *Monarque* préludait sur le turf anglais aux éclatantes campagnes faites depuis par *Potocki*, *Stradella*, *Brocoli*, *Dollar*, *Mandarin*, *Fille-de-l'Air*, *Mazeppa*, *Partisan*, *Gemma*, *Avalanche*, *Tonnerre-des-Indes*, *Montgombert*, *Auricula*, *Astrolabe*, *Gontran*, *Florentin*, *Gladiateur*, *Ceylon*, et cinquante autres illustrissimes messieurs à quatre jambes. *Gladiateur !* le meilleur *race horse* que jamais on ait vu, et qui, non content des brayées de lauriers qu'il a moissonnées pour sa litière personnelle, a encore rapporté près de deux millions à son propriétaire, — ce qui prouve que l'art d'élever les chevaux est de beaucoup supérieur, pour gagner des rentes, à l'art d'élever des lapins, jusqu'ici vanté comme le plus sûr !

Peut-être serait-il bon, après ce dithyrambe, de fournir quelques renseignements plus intéressants sur l'ordre et la marche des fêtes hippiques, auxquelles bien certainement assisteront cette année beaucoup plus d'étrangers et de provinciaux que les années précédentes. La plus jolie fille du monde ne peut donner que ce qu'elle a, — c'est-à-dire ce qu'elle n'a plus : moi qui ne suis ni jolie fille ni sportsman, je vais donner les seuls renseignements que je possède sur ce sujet, un peu étranger à la littérature.

La saison des courses s'ouvre le premier dimanche du mois de mars, quelquefois même le dernier dimanche de février, sur le turf de la Marche, un charmant petit parc qui n'est qu'à une douzaine de kilomètres de Paris, et seulement à cinq kilomètres de Saint-Cloud. Dans la seconde quinzaine de mars, les courses ont lieu sur l'hippodrome de Vincennes. C'est vers le 15 avril que commence à Paris, sur l'hippodrome du bois de Boulogne, la Réunion de printemps, qui se prolonge jusque vers le 15 mai, époque à laquelle succède la réunion de Chantilly, qui se compose de trois journées. Je n'ai pas besoin de vous dire où est le bois de Boulogne, ayant eu déjà occasion de vous parler de cette promenade. Pour se rendre à Chantilly, à quarante-cinq minutes de Paris, il faut prendre le chemin de fer préféré des caissiers, — le chemin de fer du Nord; c'est à la troisième journée qu'est couru le Derby, la plus importante course de l'année, après toutefois le Grand Prix, qui est disputé le dimanche suivant à Paris. Cette dernière course offre la particularité, assez rare en France, d'une lutte internationale, la lice étant ouverte aux chevaux de tous pays. Entre le dernier jour de la Réunion de printemps de Chantilly et la Réunion d'été de Paris ont ordinairement lieu les courses de Versailles, ou, pour parler plus exactement, les courses de Porchefontaine, petit village des environs. Les Réunions d'automne commencent à Chantilly vers le milieu de septembre, et se continuent à Paris jusque vers le 10 octobre, pour finir à Chantilly vers le milieu du même mois, époque de la clôture des courses plates pour Paris et ses environs. Les steeple-chases de Vincennes et de la Marche prennent une partie d'octobre et de novembre.

Les différents prix pour les courses de la Marche sont : le *Prix d'ouverture*, 2,500 francs pour chevaux n'ayant pas gagné un prix de 8,000 francs; le *Prix des Tribunes* (handicap), 1,500 francs pour tous chevaux; le *Prix d'Essai*, 1,500 francs pour chevaux n'ayant jamais gagné de course d'obstacle; le *Prix de Franc-Picard* (handicap), 2,500 francs pour tous chevaux; le *Prix de Marnes*, 1,500 francs pour chevaux n'ayant pas gagné un steeple-chase de 3,000 francs; le *Prix de l'Avenir*, 1,500 francs pour chevaux n'ayant jamais gagné un steeple-chase de 1,500 francs; le *Prix du Printemps*, 2,500 francs pour tous chevaux; le *Prix de Montretout* (gentlemen-riders), 1,000 francs ajoutés à une poule de 25 francs chacun pour hacks et hunters; le *Prix à réclamer*, 1,000 francs pour tous chevaux, le gagnant à réclamer pour 6,000 fr., décharges proportionnelles; le *Prix de Ville-d'Avray* (handicap), 1,500 francs pour tous chevaux; le *Prix de Garches*, 1,000 francs pour hacks et hunters; le *Prix à réclamer*, 1,000 francs pour tous chevaux, le gagnant à réclamer pour 6,000 francs; le *Prix du grand steeple-chase militaire annuel* (gentlemen-riders), 5,000 francs pour tous chevaux; le *Prix du Parc* (selling race), 1,000 francs pour tous chevaux, le gagnant à réclamer pour 6,000 francs; le *Prix de Consolation* (handicap libre), 1,500 francs pour chevaux ayant couru dans l'année à Vincennes ou à la Marche; le *Prix d'Été* (handicap), 2,000 francs pour tous chevaux, le vainqueur à réclamer pour 12,000 francs; et le *Prix à réclamer*, 1,000 francs pour tous chevaux de quatre ans et au-dessus.

Les différents prix pour les courses de Vincennes sont : le *Prix de Saint-Mandé*, 3,000 francs pour chevaux français n'ayant pas gagné un prix de 1,500 francs avant le 1ᵉʳ janvier; le *Prix des Haras* (1ʳᵉ catégorie), 5,000 fr. pour chevaux entiers et juments de pur sang; le *Prix des Haras* (2ᵉ catégorie), 3,000 francs, dont 2,000 au premier, 1,000 au second, pour chevaux français de demi-sang; le *Prix de la Tourelle*, 3,000 francs pour chevaux n'ayant jamais gagné un steeple-chase de 6,000 francs; le *Prix de l'Empereur* (handicap), 10,000 francs pour tous chevaux; le *Prix du Donjon* (gentlemen-riders), 3,000 fr. pour tous chevaux; le *Prix de Saint-Maurice*, 2,000 francs pour tous chevaux, le vainqueur à réclamer pour 4,000 fr.; le *Prix de la Marne* (handicap), 4,000 fr. pour tous chevaux; le *Prix de la Pyramide* (jockeys français), 2,000 fr. pour chevaux français; le *Prix de Fontenay* (à réclamer), 3,000 francs pour tous chevaux de quatre ans et au-dessus; le *Prix de l'Administration des haras* 1re catégorie), 5,000 francs pour chevaux entiers et juments de pur sang de tous pays, âgés de cinq ans et au-dessus; le *Prix d'Été* (handicap), 4,000 francs pour tous chevaux de quatre ans et au-dessus.

Les différents prix pour les courses du Vésinet sont : le *Prix d'ouverture*, 1,000 francs pour chevaux de quatre ans et au-dessus, de toute espèce et de tout pays; le *Prix du Vésinet* (gentlemen-riders), 500 francs pour tous chevaux de quatre ans et au-dessus, servant de chevaux de chasse, d'armes ou de service; le *Prix du Lac*, 1,000 francs pour tous chevaux de quatre ans et au-dessus; le *Prix de la Colonie*, 1,000 francs pour tous chevaux n'ayant jamais gagné un prix de 4,000 francs; le *Prix des Pavillons* (gentlemen-riders), 5,000 francs pour chevaux de quatre ans et au-dessus; le *Prix des Tribunes*,

1,000 francs pour chevaux de quatre ans et au-dessus ; le *Prix du Parc*, 1,000 francs pour tous chevaux de quatre ans et au-dessus ; le *Prix de la Terrasse* (gentlemen-riders) 500 francs pour tous chevaux de quatre ans servant de chevaux de chasse, d'armes ou de service ; et le *Prix des Cascades*, 1,000 francs pour chevaux de quatre ans et au-dessus.

Les différents prix pour les courses de Chantilly sont : le *Prix de la Reine-Blanche*, 2,000 francs pour tous chevaux, le vainqueur à réclamer pour 3,000 francs, décharges proportionnelles ; le *Prix du Gros-Chêne*, 2,000 fr. pour tous chevaux ; le *Prix des Écuries* (handicap), 6,000 francs pour tous chevaux ; le *Prix de Diane*, 10,000 francs pour pouliches de trois ans ; le *Prix d'Apremont*, 3,000 francs pour tous chevaux ; le *Prix de la Morlaye*, 3,000 francs pour pouliches de trois ans n'ayant jamais gagné ou reçu 1,000 fr. comme secondes ; le *Prix de la Pelouse* (gentlemen-riders), 3,000 francs pour chevaux de trois ans et au-dessus, le gagnant à réclamer pour 2,500 francs ; le *Prix de Courteuil*, 3,000 francs pour poulains de trois ans n'ayant jamais gagné ou reçu 1,000 fr. comme second ; le *Prix des Lions* (gentlemen-riders), 3,000 francs pour chevaux de trois ans et au-dessus ; le *Prix du chemin de fer du Nord*, 1,500 francs pour tous chevaux, le vainqueur à réclamer pour 6,000 francs ; le *Prix de Dangu*, 5,000 francs pour chevaux de quatre ans et au-dessus; le *Prix de l'Oise*, 2,000 francs pour chevaux de trois ans et au-dessus, le gagnant à réclamer pour 3,000 francs; le *Prix de l'Empereur* (handicap), 2,000 francs pour tous chevaux; le *Prix du Jockey-Club*, 25,000 francs pour chevaux de trois ans; et le *Prix des Étangs*, 1,000 francs pour chevaux n'ayant pas gagné dans l'année un prix de 8,000 francs.

Les différents prix pour les courses de Fontainebleau sont : le *Prix principal* (3º classe), 1,000 francs pour chevaux de trois ans et au-dessus; le *Prix du Conseil général*, 3,000 francs pour chevaux entiers, hongres et juments de trois ans et au-dessus; le 1ᵉʳ *Prix de la Société d'encouragement*, 3,000 francs pour chevaux de trois ans; le *Prix de l'Empereur* (handicap), 4,000 francs pour chevaux entiers, hongres et juments de trois ans et au-dessus; le *Prix de la Vénerie* (steeple-chase, handicap), 4,000 francs pour chevaux entiers, hongres et juments de trois ans et au-dessus; le 2º *Prix de la Société d'encouragement*, 2,000 francs pour chevaux de trois ans et au-dessus; le *Prix de l'Express*, 1,500 francs pour chevaux entiers, hongres et juments de trois ans et au-dessus, de toute espèce et de tout pays; le *Prix de Fontainebleau* (handicap), 5,000 francs pour chevaux entiers, hongres et juments de trois ans et au-dessus; et le *Prix de l'Impératrice* (steeple-chase, handicap), 2,500 francs pour chevaux entiers, hongres et juments de toute espèce et de tout pays.

Les différents prix pour les courses de Porchefontaine sont : un prix de 1,500 fr. (à réclamer) pour chevaux entiers, hongres et juments de trois ans et au-dessus, de toute espèce et de tout pays; un prix de 3,000 fr. (handicap) pour chevaux entiers, hongres et juments de trois ans et au-dessus; un prix de 2,500 francs (course de haies) pour tous chevaux; un prix de 2,000 francs (steeple-chase) pour tous chevaux; un prix de 3,000 fr. (à réclamer) pour chevaux de trois ans et au-dessus, de toute espèce et de tout pays; un prix de 1,500 fr. (handicap) pour tous chevaux; un prix de 1,000 fr. (courses de haies); un prix de 2,000 francs (steeple-chase) pour tous chevaux de quatre ans et au-dessus; un prix de 1,000 francs (à réclamer) pour chevaux entiers, hongres et juments de toute espèce et de tout pays; un prix de 2,000 francs (Criterium, pour chevaux de toute espèce et de tout pays; un prix de 1,000 francs (courses de haies) pour tous chevaux de trois ans et au-dessus; et un prix de 2,000 francs (steeple-chase) pour tous chevaux, le gagnant à réclamer pour 8,000 francs.

Les différents prix pour les courses de Paris sont : le *Prix de la Bourse*, 2,000 francs pour chevaux de trois ans et au-dessus; le *Prix de la Grotte*, 2,000 francs pour chevaux de trois ans et au-dessus, le vainqueur à réclamer pour 2,000 francs ; le *Prix de Guiche*, 3,000 francs pour chevaux de trois ans; le *Prix de Lutèce*, 10,000 fr. pour chevaux de trois ans et au-dessus; le *Prix du Cadran*, 10,000 francs pour chevaux de quatre ans; le *Prix de Boulogne*, 3,000 francs pour chevaux de trois ans et plus, le vainqueur à réclamer pour 7,000 francs; le *Prix de Longchamp*, 3,000 francs ajoutés à 300 francs d'entrée pour chevaux de trois ans; le *Prix de la Seine*, 10,000 francs pour tous chevaux; le *Grand Prix de l'Impératrice* (1re classe), 15,000 francs pour chevaux de quatre ans et au-dessus; le *Prix des Acacias*, 6,000 francs pour chevaux de trois ans non engagés ni dans le Derby, ni dans la Poule d'essai, ni dans le Grand Prix de Paris; le *Prix d'Auteuil*, 2,000 francs pour chevaux de trois ans et plus; le *Prix des Cars*, 4,000 francs pour chevaux de trois ans; le *Prix de la Coupe* (d'une valeur de 10,000 fr.), plus 10,000 francs en espèces, pour chevaux de trois ans et plus; le *Prix biennal*, 5,000 francs pour chevaux de trois ans; le *Prix de Suresnes*, 4,000 francs pour chevaux de quatre ans et au-dessus n'ayant jamais gagné un prix de 6,000 francs; le *Prix d'Iéna*, 2,000 francs pour tous chevaux, le vainqueur à réclamer pour 2,500 fr.; le *Prix de Bagatelle*, 5,000 francs pour tous chevaux; un prix de 5,000 francs (Poule d'essai) ajouté à une poule de 1,000 fr. chacun pour chevaux de trois ans; un prix de 5,000 fr. (handicap) pour chevaux de quatre ans et au-dessus; le

Prix de l'École-Militaire, 4,000 francs pour chevaux de trois ans et au-dessus ; le *Prix de l'Esplanade*, 2,000 francs pour chevaux de trois ans et au-dessus ; un prix de 4,000 francs (Poule des produits) ajouté à une poule de 800 francs chacun pour chevaux de trois ans ; le *Prix du Printemps*, 10,000 francs pour chevaux de trois ans et au-dessus ; le *Prix de Viroflay* (handicap, gentlemen-riders), 4,000 fr. pour chevaux de trois ans et au-dessus ; le *Prix des Tertres*, 2,000 pour chevaux de trois ans et plus, le vainqueur à réclamer pour 6,000 francs ; le *Prix du Trocadéro*, 3,000 francs pour chevaux n'ayant jamais gagné ; le *Prix de l'Empereur* (Poule des produits), 10,000 francs ajoutés à une poule de 10,000 francs pour chevaux de trois ans ; le *Prix du Lac* (handicap), 8,000 francs pour tous chevaux ; le *Prix de Neuilly*, 4,000 francs pour chevaux de trois ans et au-dessus, le vainqueur à réclamer pour 15,000 francs ; le *Prix des Champs-Élysées*, 3,000 fr. pour tous chevaux, le vainqueur à réclamer pour 4,000 fr. ; le *Prix du Cèdre*, 10,000 francs pour chevaux de trois ans ; le *Prix d'Escoville* (gentlemen-riders), 4,000 francs pour tous chevaux ; le *Prix d'Ibos* (handicap), 6,000 fr. pour tous chevaux ; le *Prix de Satory*, 6,000 francs pour tous chevaux ; le *Prix du Mont-Valérien*, 2,000 fr. à réclamer pour chevaux de trois ans et au-dessus, le vainqueur à réclamer pour 3,000 francs ; le *Prix de la Newa*, 5,000 francs pour chevaux de trois ans ; le *Prix de la*

Ville de Paris (handicap), 6,000 francs pour tous chevaux; le *Prix de l'Empereur*, 10,000 francs pour tous chevaux; le *Prix de l'Été*, 4,000 francs pour chevaux n'ayant pas gagné un prix de 10,000 francs; le *Prix d'Armenonville*, 2,000 francs pour chevaux de trois ans et au-dessus; le *Prix des Pavillons*, 6,000 francs pour chevaux de trois ans et au-dessus; le *Prix de Meudon* (handicap), 6,000 francs pour chevaux de trois ans et au-dessus; le *Prix du Conseil général*, 4,000 francs pour chevaux de trois ans et au-dessus, le vainqueur à réclamer pour 7,500 francs; et enfin le *Grand Prix de Paris*, le plus important de tous. Ce prix pour poulains entiers et pouliches consiste en un objet d'art offert par l'Empereur et en 100,000 francs espèces donnés moitié par la Ville de Paris et moitié par les cinq grandes compagnies de chemins de fer.

Toutes ces courses de printemps, d'automne et d'été, sont très-suivies, — pourquoi ne dirais-je pas très-courues? Elles ont un public aussi spécial que nombreux, de l'un et de l'autre sexe : des sportsmen et des sportswomen. Une partie de ce public s'intéresse aux courses pour les courses elles-mêmes; ces fanatiques du noble art du *horsemanship* se passionnent pour ou contre tel des chevaux engagés, dont ils connaissent mieux la généalogie que celle de leurs ancêtres, comme nous nous passionnons, nous autres, pour tel ou tel chef-d'œuvre artistique ou littéraire, pour telle ou telle grande question de politique ou de philosophie : pour eux, savoir que *Gontran*, au major Fridolin, a battu *Tourmalet*, à M. Lupin, est bien plus important que de savoir si les Prussiens ont battu les Autrichiens, ou si le dernier livre de M. Renan a paru. Une autre partie des sportsmen se compose de gandins et de cocodès, qui viennent aux courses comme ils vont ailleurs où il est de bon ton d'aller, et qui y parient volontiers afin de se *refaire* un peu,—quand ils ne se défont pas complétement. Quant aux sportswomen, vous avez deviné leur profession, celle de belles filles : elles suivent les courses afin d'être suivies elles-mêmes en allant ou en revenant. C'est pour elles une occasion d'être lorgnées et de lorgner, et aussi de boire du champagne sur le turf, à la santé des vainqueurs, chevaux et jockeys.

A cause de tout cela, et de bien d'autres choses encore, c'est un spectacle très-pittoresque, très-amusant, dont il faut être témoin quelquefois, pour varier ses plaisirs. Les courses de Chantilly, de la Marche, du Bois de Boulogne et de Vincennes principalement, sont curieuses à une foule de points de vue, et j'ai peine à comprendre la vertueuse indignation des moralistes en chambre, à propos des excentricités et des folies aimables dont se rendent coupables les petites dames et les petits messieurs qui sont les fidèles habitués de ces fêtes hippiques. La morale n'a rien à voir au plaisir, que diable !

Je ne dois pas terminer ce chapitre sans dire quelques mots sur les *Poules des courses de chevaux.* « Il y a longtemps, dit un rédacteur du *Derby*, auquel nous demandons la permission de prendre notre bien où nous le trouvons, il y a longtemps qu'il se fait des poules sur les courses de chevaux, mais c'est depuis deux ans seulement que ce mode de paris, ce jeu qui n'a rien de commun avec la connaissance et l'appréciation des chevaux, s'est popularisé à Paris et a fini par gagner tous les hippodromes du turf français. Ne parlons pas du mode de poules supprimé récemment par l'autorité, ainsi que de la délivrance des billets de poule au programme en dehors des champs de courses, et disons quels sont les errements actuels. Aujourd'hui donc le pouleur est obligé d'aller aux courses pour se donner le plaisir d'engager son argent dans les poules ou programmes. Il est libre de choisir entre le système des lettres et celui des numéros; tous les deux sont également bons; aussi voit-on les pouleurs aller de l'un à l'autre établissement et s'intéresser dans presque tous les tirages qui se font aux diverses roues établies sur les hippodromes du Bois de Boulogne, de Chantilly, de Vincennes, et même de plusieurs villes des départements. Les mises sont de 20, de 10, de 5 ou de 2 francs. Un carton portant, soit un numéro, soit une lettre, est délivré au porteur en échange de son argent, pour chacun des tirages successifs; le tirage se fait immédiatement au moyen d'une roue, de laquelle on fait tomber des boules portant chacune un numéro ; ce numéro est celui que porte le cheval dans le programme officiel. Ainsi, supposons que vous avez les lettres A, D, F, ou les numéros 1, 4, 6, ce qui est la même chose : vous aurez au tirage les numéros datés les premier, quatrième et sixième. Si ces numéros sont 10 correspondant au programme à *Vertugadin*, 8 correspondant à *Goëtran*, 14 correspondant à *Matamore*, vous aurez à vous intéresser à ces trois chevaux, et si l'un de ces trois gagne, vous recevrez autant de fois votre mise qu'il y avait de chevaux inscrits et qu'on a tiré de boules de la roue, déduction faite toutefois d'une commission de 5, 6 ou 10 pour 100, suivant le prix des mises, prélevée par les administrations des poules.

« Tel est ce jeu de poules, qui a tant passionné la foule des habitués du turf et même aussi bon nombre de joueurs assez indifférents aux luttes hippiques, pour qui les poules ne sont qu'une sorte de roulette. Car c'est un jeu dans lequel le hasard seul décide de tout, un jeu purement aléatoire, et par conséquent moins dangereux que n'importe quel jeu de cartes, un jeu plus innocent que le jeu de l'Oie renouvelé des Grecs, un jeu inconnu des anciens Grecs, et dans lequel les nouveaux ne peuvent trouver aucun moyen d'exercer leur industrie. »

X

DU SPORT NAUTIQUE

Ici encore, nous devons l'avouer, la France s'est laissé devancer par l'Angleterre et l'Amérique. Il y a longtemps, très-longtemps, que, sous prétexte de navigation de plaisance, les fils de John Bull et ceux de frère Jonathan entretiennent leur goût pour l'art naval, auquel ils doivent leur supériorité sur nous. Il y a longtemps qu'ils ont institué un *Yacht-Club*, qui est à la marine ce que le *Jockey-Club* est aux chevaux : un encouragement incessant à l'amélioration, une excitation continuelle au perfectionnement, ici de la race chevaline et là de l'architecture navale. Nous sommes encore à entreprendre la traversée de l'Atlantique, effectuée en 1854 par le yacht l'*America*, parti de New-York et entré victorieux dans les eaux de l'île de Wight.

Cependant, quoique moins fanatiques de navigation que les Américains et les Anglais, nous avons fini par nous passionner pour ce plaisir, qui vaut bien le plaisir des courses hippiques, s'il n'a pas précisément les mêmes avantages positifs. Nous n'améliorons peut-être rien, mais nous nous amusons : c'est l'essentiel. Nous n'avons pas de *Yacht-Club*, mais nous avons un *Rowing-Club*. Nous n'allons pas d'Europe en Amérique sur une coquille de noix, mais nous avons des régates d'eau douce et des régates d'eau salée, au Havre et à Asnières, sur les fleuves et sur les lacs. Et ce qui prouve que le goût du canotage s'est développé chez nous d'une notable façon, depuis une quinzaine d'années, c'est qu'un relevé officiel des bateaux de plaisance inscrits dans les diverses circonscriptions maritimes de France, postérieurement à la circulaire du 23 mai 1862, établit un chiffre de 4,696 bâtiments et embarcations montés par 5,776 amateurs, sans compter les embarcations à la voile, à l'aviron et à la vapeur, destinées à la navigation en rivière, et dont le nombre excède 8,000.

Les embarcations comprises dans le canotage anglais diffèrent peu des nôtres; mais comme nous lui devons les types de celles qui figurent à nos régates, dit M. Léon Renard (1), nous les citerons de préférence. Ce sont : l'*yole*, bateau étroit, de façons fines, très-léger, de lon-

(1) *Les Merveilles de l'art naval* 1 vol. in-18. Hachette. éditeur.

gueur variable et bordant un nombre indéterminé d'avirons; le *gig*, construit comme l'yole, mais moins répandu; le *randau*, embarcation munie de trois paires de rames, le *wherry*, embarcation pointue des deux bouts avec étrave très-inclinée, généralement installée en randau; l'*outrigge*, nom générique donné à toute embarcation ayant ses porte-nage en dehors; le *skiff*, bateau de neuf à dix mètres de longueur, assez semblable à celui des Esquimaux, ponté en toile imperméable, à l'exception du puits, réservé pour son unique rameur et préservé par des targues; le *funny*, qui diffère du skiff par ses proportions seulement; l'*outrigged sculling-boat*, bateau à deux avirons de couple; le *wager-boat*, etc.

Les courses nautiques commencent vers la fin d'avril et ne finissent guère que dans les premiers jours de septembre, ce qui fait quatre mois pleins consacrés au canotage. L'année dernière, le *Rowing-Club* a donné, le 29 avril, au pont de la Concorde, sept courses à l'aviron, à un, deux et quatre rameurs, où ont été vainqueurs : *Saphir*, *Persévérance*, *Bluette*, *Nip-Nip*, *Alerte*, *The Star*, etc. Le même jour, au Port-à-l'Anglais, la *Société du Sport nautique de la Seine* a donné cinq courses pour embarcations de plaisance, à un, deux, quatre et six rameurs, sans compter les périssoires; vainqueurs : *Fanfan-la-Tulipe*, *Sans-Souci*, *Pourquoi-Non?* *Gauloise*, *Violetta*, *Inconnu*, *Fulgora*, etc. Le 6 mai, autres régates données par la même société au pont de la Concorde, où ont été vainqueurs : *Lutine, Flammèche, Persévérance, Fantasia, Favorite, Violetta, Toc-Toc, Gauloise, Rabat-Joie*, etc. Le même jour, à Billancourt, courses de bateaux et d'yoles à deux rameurs, où ont été vainqueurs : *Trilby, Mon-Étoile, Saphir, Persévérance, N'importe-Quoi, Bluette*, etc. Aux régates de Sèvres, lutte de périssoires et d'embarcations de course, où ont été vainqueurs : *Violetta, Fantaisie, Persévérance, Fantasia, Toc-Toc, Diable-à-Quatre, Gauloise, Capricieuse, Lutine*, etc. Le 24 juin, sur le lac du parc du Vésinet, courses pour embarcations à un, deux, quatre, six rameurs, où se sont distingués : *Inconnu, Lalla-Roukh, Petit-Journal, Faridondaine, Tic-Toc, Sans-Souci, Coco-Moutonnet, Cavalier-Seul*, etc. Le 17 juin, courses du Rowing-Club sur le lac du Bois de Boulogne, où ont concouru : *Perle-Fine, Duc-Job, Gauloise, Persévérance, Saphir, Mon-Étoile, Franc-Mitou, Giordine* et *Faust*. Aux régates de la Varenne-Saint-Maur, ont été vainqueurs : *Inconnu, Fantasia, Fantassin, Tohu-Bohu, Figaro, Tic-Toc, Abeille, Rabat-Joie, Fanfan-la-Tulipe, Petit-Marin, Caprice*, etc. Aux régates d'Auteuil, du 22 juillet, sept courses, où se sont fait remarquer : *Fanfan-la-Tulipe, Junon, Passe-Partout, Tic-Toc, Flammèche, Aline, Créole, Chat-Botté, Sultane, Faridondaine*, etc. Au 18 août, six courses, où ont été vainqueurs : *Saphir, Persévérance, Trilby, Fantasia, Rose, Lyrique, Franc-Mitou*, etc. Aux régates de Versailles, du 19 août, les embarcations triomphantes ont été : *Fanfan-la-Tulipe, Faridondaine, le Petit-Journal, Juliette, Fantasia, Aline, Favorite, Sans-Souci, Tintamarre, Joséphine, Fri-Fri,* etc. Aux régates d'Enghien, du 26 août, médailles d'or et d'argent distribuées à *Faridondaine, Martha, Inconnu, Juliette, Fantasia, Événement, Favorite, Don-Juan, Rabat-Joie, Tintamarre, Pâquerette, Cendrillon, Petit-Journal,* etc.

Ce n'est pas pour rien que j'ai cité les noms des embarcations lauréates. D'abord j'ai supposé que cela ferait plaisir aux rameurs qui les montaient, ensuite que cela fixerait un peu mes lecteurs sur les différentes époques et les différents endroits où ont eu lieu les fêtes nautiques. Et puis, parce que les noms auront plus tard, pour les historiens des mœurs parisiennes, une signification, celle qu'ont les noms des chevaux engagés dans les fêtes hippiques, presque les mêmes noms, on le remarquera.

XI

LIVRES ET JOURNAUX

Vous supposez bien que je ne m'en vais pas me livrer à un triage des bons et des mauvais, — du moins de ceux qui me semblent bons et de ceux qui me paraissent mauvais. Outre qu'il y en a vraiment trop peu des uns et trop des autres, il y aurait inconvenance à imposer ainsi mon goût particulier au lecteur, qui aurait le droit de me reprocher de lui avoir vanté des livres ennuyeux et d'avoir omis à dessein de lui parler de livres charmants. Ce guide n'est pas une revue, et il serait inopportun de m'y livrer à une étude critique, même la plus consciencieuse. Et puis, à parler franc, c'est un métier impossible que celui d'éplucheur juré des œuvres des autres, quand on a dans son propre bagage quelques volumes sujets à caution. Et puis encore, à parler tout aussi net, n'eussé-je jamais écrit une seule ligne, que ce n'est pas par un article bibliographique que je débuterais. Les gens de lettres, mes très-honorés confrères, sont plus irritables et d'épiderme plus chatouilleux que les poëtes, dont on connaît la réputation : jamais on ne dira d'un livre autant de bien qu'en pense son auteur, et, de cette façon, on sera toujours sûr de lui déplaire en ne lui plaisant pas assez. C'est bien pis quand on oublie d'en parler : mieux vaudrait cent fois en dire du mal que de n'en rien dire du tout.

Je n'ai pas la prétention de réussir là où tout le monde échouerait, — n'étant pas assez louis d'or pour cela. Comme la lecture est un plaisir, puisque c'est une distraction, mon devoir m'oblige à mentionner ici les journaux de Paris et les livres parisiens; mais la sagesse veut que je n'entoure mes mentions d'aucune sauce sucrée ou salée, — et je serai sage une fois dans ma vie. La littérature parisienne, — la littérature légère, bien entendu, — doit être représentée dans un livre qui traite spécialement de Paris : elle le sera, mais sans commentaires, — et abstraction faite de mes antipathies et de mes sympathies. Je le répète, c'est une nomenclature pure et simple des journaux et des livres exclusivement parisiens, — d'eux seuls et non d'autres.

JOURNAUX.

Le Nain jaune, bihebdomadaire.
Le Camarade, quotidien.
Le Soleil, quotidien.
Le Figaro, quotidien.
Le Charivari, quotidien.
Le Tintamare, hebdomadaire.
La Lune, hebdomadaire.
Le Hanneton, hebdomadaire.
Le Bouffon, hebdomadaire.
Le Petit Journal, quotidien.
La Petite Presse, quotidien.
Le Derby, hebdomadaire.
La Gazette des Étrangers, quotidien.
Le Figaro-Programme, quotidien.
L'Illustration, hebdomadaire.
Le Monde illustré, hebdomadaire.
L'Univers illustré, hebdomadaire.
Le Voleur, hebdomadaire.
Le Mousquetaire, quotidien.
La Vie parisienne, hebdomadaire.
Le Journal amusant, hebdomadaire.

Le Centaure, hebdomadaire.
Le Jockey, hebdomadaire.
Le Sport, hebdomadaire.

On peut acheter tous ces journaux, — ainsi que les autres, les journaux sérieux, — dans tous les kiosques des boulevards, et on peut les lire dans presque tous les cabinets de lecture, notamment au *salon de la Terrasse*, au-dessus du passage Jouffroy, le plus riche en ce genre.

LIVRES.

Les Actrices, par Edmond et Jules de Goncourt.
Sept Ans à l'Opéra, souvenirs anecdotiques d'un secrétaire particulier, par Nérée Desarbres.
Les Confidences d'un garçon du Café Anglais, par Massenet de Marancour.
Le Roman d'une Parisienne, par Émile Villars.
Lettres d'un mauvais jeune homme à sa Nini, par Léon Rossignol.
Le Roman de la Femme à barbe, par Pierre Véron.
Les Théâtres en robe de chambre, par Rambaud et Coulon.
Les Quatre Coins de Paris, par Léo Lespès.
Les Indiscrétions parisiennes, par Adrien Marx.

Les Réfractaires, par Jules Vallès.
La Pieuse parisienne.
Les Pieds qui r'muent.
Les Odeurs de Paris, par Louis Veuillot.
Les Petites Comédies de l'amour, par mademoiselle Léonide Leblanc.
Le Pavé de Paris, par Pierre Véron.
Les Amazones de Paris.
Paris partout, par Nérée Desarbres.
Paris au gaz, par Julien Lemer.
Les Armes et le Duel, par A. Grisier.
Mémoires du boulevard, par Albert Wolf.
Maison Amour et C°, par Pierre Véron.
La Grande Bohème, par Henri Rochefort.
Les Joueuses, par mademoiselle Maximum (Leblanc).
Les Bals publics à Paris, par Victor Rozier.
Les Belles Pécheresses, par Amédée de Césena.
Les Bohémiennes de l'amour, par Louis de Montchamp.
Les Français de la décadence, par Henri Rochefort.
La Foire aux grotesques, par Pierre Véron.
Chroniques et Légendes des rues de Paris, par Édouard Fournier.
Les Cocodès, par une cocotte.
Les Coulisses parisiennes, par Victor Koning.
Les Dames de Risquenville, par Aurélien Scholl.
Les Cocottes.

Énigmes des rues de Paris, par Édouard Fournier.
Le Gandin et ses ancêtres, par Th. de Veillechèze.
Les Gandins, par Ponson du Terrail.
Les Comédiennes adorées, par Émile Gaboriau.
Ces Petites Dames de théâtre.
Les Célébrités de la rue, par Charles Yriarte.
Les Cotillons célèbres, par Émile Gaboriau.
Lettres d'un bon jeune homme à sa cousine, par Edmond About.
Les Rêveurs de Paris, par Amédée Achard.
Les Hommes de lettres, par Edmond et Jules de Goncourt.
Gazettes et gazetiers, par J.-F. Vaudin.
Les Jugements nouveaux, par Xavier Aubryet.
Les Parisiennes de Paris, par Théodore de Banville.
Les Excentriques, par Champfleury.
Typographes et Gens de lettres, par Décembre-Alonnier.
Regain de la vie parisienne, par Nestor Roqueplan.
La Vie à Paris, par Auguste Villemot.
Histoire de la Caricature moderne, par Champfleury.
La Dame aux Camélias, par Alexandre Dumas fils.
Fanny, par Ernest Feydeau.
Comédies et Comédiens, par Fiorentino.
La Bohême galante, par Gérard de Nerval.
Aristide Froissart, par Léon Gozlan.
Histoires d'une Minute, par Adrien Marx.

17

Histoire du Pont-Neuf, par Édouard Fournier.
Les Cosaques de la Bourse, par F. de Groiseilliez.
Lutèce, par Henri Heine.
L'Hôtel des Haricots, par Albert de Lasalle.
Les Mangeuses d'hommes.
Les Marionnettes de Paris, par Pierre Véron.
Masques et Visages, par Gavarni.
Mademoiselle Mariani, par Arsène Houssaye.
Les Nuits parisiennes, par Méry.
Les Femmes qui font des scènes, par Charles Monselet.
Scènes de la Vie de Bohême, par Henry Murger.
Paris et les Parisiens, par Alfred de Musset, Balzac et George Sand.
Les Gens de Paris, par Jules Noriac.
Mémoires d'un Journaliste, par Hippolyte de Villemessant.
Mémoires d'une Femme de chambre.
Mémoires de Rigolboche.
Mémoires de Léotard.
Mémoires de Thérésa.
Les Nuits du quartier Bréda, par Ponson du Terrail.
Journal d'un Flâneur, par Jules Noriac.
Les Jeudis de madame Charbonneau, par Armand de Pontmartin.
Paris dansant, par Jean Rousseau.
Les Fils de Tantale, par Amédée Rolland.

Les Nuits de la Maison-Dorée, par Ponson du Terrail.
Paris amoureux, par Mané.
Paris mystérieux, par le même.
Paris viveur, par le même.
Profils et Grimaces, par Auguste Vacquerie.
Les Manieurs d'argent, par Oscar de Vallée.
Voyage autour du demi-monde, par Victor Koning.
Les Victimes de Paris, par Jules Claretie.
Les Misérables, par Victor Hugo.
Les Stations de l'amour, par Jules Prével.
Scènes populaires, par Henry Monnier.
Les Quarante Médaillons de l'Académie, par J. Barbey d'Aurevilly.
I Pupazzi, par Lemercier de Neuville.
Portraits parisiens, par le marquis de Villemer.
Les Secrets des coulisses des théâtres de Paris, par Joachim Duflot.
Les Talons noirs, par Jaime fils.
Scènes et Mensonges parisiens, par Aurélien Scholl.
Les Petites Chattes de ces messieurs, par Henry de Kock.
Guide de l'Amoureux à Paris, par le même.
Paris en poche, par de Conty.

XII

CES DAMES

J'en suis arrivé au chapitre le plus délicat de ce livre des plaisirs de Paris, et avec lequel j'ai voulu terminer un voyage à travers les gouffres charmants et les piéges dorés de la capitale du plaisir.

Voilà plus de vingt ans que les auteurs dramatiques, les

romanciers et les chroniqueurs, guidés par le crayon de Gavarni, nous ont montré sous toutes ses faces la duplicité de la Parisienne légère qui a consenti à jeter, comme on le dit, son bonnet par dessus les moulins et à porter en rubans roses le deuil de son honneur.

Ce sujet, je ne me le dissimule pas, doit être difficile à aborder, et forcément, quelle que soit l'audace que puisse me donner le titre de ce petit livre profane, je n'en serai pas moins forcé, par la nature même des choses, à laisser bien des détails dans l'ombre et à ne pas lever certains coins du rideau de gaze derrière lequel se cachent, avec l'espoir d'être vues, les charmantes pécheresses dont il me faut m'occuper.

La galanterie, puisqu'il faut bien l'appeler par son nom, attend encore son historien et voudrait bien, par contre, se débarrasser de ses trop nombreux historiographes. Par ses historiographes j'entends ces témoins partiaux et mal informés qui viennent chaque jour juger l'ensemble sur des détails et généraliser les exceptions. Ils ont observé dans un petit coin un scandale ou une infamie qui n'ont, en réalité, produit aucune perturbation, ils n'en veulent pas moins, malgré cela, l'ériger au niveau d'un cataclysme ou d'une calamité. Parce qu'une pauvre fille aura mal conduit sa barque et aura chaviré par sa faute, ces énergumènes en concluront, sans hésiter, que toutes les demoiselles naviguent sur des volcans et à travers les tempêtes. Il faut être plus impartial, mieux informé et plus juste pour toucher à ces misères que Balzac appelait les écrouelles sociales.

Depuis que le monde existe, la vertu a été prescrite par les moralistes à toutes les sociétés et à toutes les civilisations. Mais, malgré les tirades imaginées en son honneur, la vertu a, dans tous les temps et dans toutes les villes, subi les plus graves échecs. On a même vu se reproduire ce fait quelque peu désespérant, c'est que les belles coupables ont souvent dû à la fragilité de leur vertu l'honneur de rester célèbres. Imaginez la belle Hélène insensible aux charmes du beau Pâris, et restant fidèle à son royal époux *Ménélas*, vous n'avez plus la guerre de Troie, vous n'avez plus l'*Iliade*, vous n'avez plus l'*Odyssée*, vous n'avez plus l'*Orestie*, vous n'avez plus les tragédies antiques et classiques empruntant leur sujet aux infortunes de la famille des *Atrides*.

Il ne faudrait pas croire qu'en rappelant ces précédents historiques ou fabuleux, j'aie l'intention de prendre fait et cause pour le vice, ni de le traiter avec indulgence. Ce serait un tort que je ne veux pas me mettre sur la conscience. L'indulgence pour le vice est, comme l'a si bien dit l'abbé Barthélemy, une conspiration contre la vertu; et je ne conspire pas contre elle. Entraîné par mon sujet, je jette un instant les yeux sur celles que la fatalité a détournées du bon sentier. Elles existent, elles sont; et, en examinant de près les choses, qui sait si on ne parviendrait pas à découvrir que ce sont les esprits les plus intolérants et les plus austères qui les ont faites ce qu'elles sont.

Les femmes légères, à Paris, se sont transformées comme les mœurs et comme la ville. Elles comprennent un grand nombre de catégories auxquelles la langue verte a su donner les noms les plus bizarres. Nos pères, si le printemps renaissait dans leur cœur, n'y comprendraient absolument rien, eux qui ne connurent qu'une seule espèce de bonne fille : *la grisette.*

Hélas ! la grisette, que Paul de Kock a si gracieusement chantée, n'est plus qu'une illusion. La race en a disparu comme celle des carlins. La grisette était une fille adorable et fraîche, spirituelle et modeste. Elle savait bien qu'un millionnaire ne pourrait accrocher autant de diamants à son col et à ses doigts que sa jeunesse en faisait briller dans ses yeux, et pour cette raison ne demandait à son amant ni bague ni bracelet. Elle laissait les robes de soie, les cachemires et les falbalas aux grandes dames, et se savait assez jolie, assez pimpante avec une robe de laine et un bonnet garni d'un seul ruban. La grisette était fidèle et savait garder la foi jurée. On la subjuguait par des prévenances et des égards, et elle mettait ces cadeaux du cœur au-dessus des générosités de la bourse. Comme je l'ai dit, elle était modeste, ne bâtissait pas des châteaux en Espagne, et considérait comme autant de fêtes royales une excursion dans les bois de Romainville, ou une soirée passée dans une loge au Gymnase. Elle se retrouvait dans certaines héroïnes de M. Scribe, et était fière de constater quelque analogie entre les amoureux de ce répertoire et le vainqueur tendre et prévenant qui l'accompagnait.

Ce type de femme qui fit tourner tant de têtes était condamné à mourir. Il fut tué, il faut bien nommer l'assassin, par la Bourse, oui par la Bourse, dont les fluctuations surprenantes et inconnues jusqu'alors firent passer quelquefois les flots du Pactole dans des poches qui n'avaient jamais contenu que des gros sous.

Les malheureux, victimes de ces richesses, se sentirent grisés par cette prospérité soudaine. Au lieu d'un plat à leur dîner, il leur en fallut trois. A côté de ce menu la grisette pâlit. Ils lui reprochèrent sa petite robe de laine et son petit fichu sans dentelle. Ces Crésus en herbe immolèrent la modestie, se lancèrent dans les prodigalités, tuèrent la grisette et inventèrent la lorette.

La lorette n'avait pas plus d'orthographe que la grisette, elle n'avait pas plus d'esprit, mais elle endossa la première les robes de soie, les cachemires, puis y joignit les diamants apportés par les heureux spéculateurs. C'est à partir de cet instant que les filles perdues s'avancèrent sans s'arrêter un instant vers le luxe et la dépravation qu'on peut leur reprocher aujourd'hui.

Le théâtre s'empara de la lorette, lui donna successivement les noms de filles de marbre, de biche, de cocottes, etc., etc., j'en oublie certainement. *La Vie de Bohême*, de Murger, devint leur livre de prédilection. Elles y trouvèrent sinon la justification de leur déshonneur, du moins l'excuse de leur chute. Il fallait les entendre, alors qu'elles invoquaient les pages subtiles de ce livre, murmurer contre les contradictions sociales qui ferment toutes les carrières aux filles pauvres et ne leur laissent que des états avec lesquels elles ne peuvent se procurer le pain quotidien.

Un argument n'est jamais mieux compris et mieux apprécié que par ceux qui y puisent l'excuse de leurs fautes ou tout au moins des circonstances atténuantes. *La Vie de Bohême* a rendu l'estime d'elles-mêmes à des myriades de lectrices.

Un peu plus tard, car je ferai remarquer que j'esquisse à grands traits, la fille perdue changea de nom et de code. Elle laissa *la Vie de Bohême* pour *la Dame aux Camélias*. Marguerite Gauthier devint son idéal, et, à l'en croire, elle ne cédait à ses soupirants que pour y rencontrer son Armand Duval. Mais M. Alexandre Dumas fils, qui n'avait pu épuiser ce vaste sujet avec *la Dame aux Camélias*, continua ses recherches et ses explorations, et bientôt il découvrit le continent du *demi-monde*, qui subsiste toujours et qui dans le monde de la galanterie contemporaine tient le haut du pavé et constitue une sorte de petite société interlope au milieu de la société légitime et régulière.

Il importe ici de tracer une grande ligne de démarcation sur la carte de la galanterie. Les innombrables filles perdues qui errent dans ce grand désert d'hommes de Paris se divisent en deux classes. Il y a les pauvres misérables, dont Victor Hugo a parlé dans son roman, qui vivent au jour le jour et parcourent les rues à l'aventure, cherchant le même animal que Diogène, et comptant sur sa générosité pour faire face aux dépenses de leur loyer, de leur repas et de leur toilette.

Il y a des livres spéciaux, des livres de statistique qui vous raconteront l'existence atroce de ces filles de tristesse, comme M. Michelet les appelle. De pareilles turpitudes ne sauraient trouver place dans un livre consacré aux plaisirs parisiens. Il y a des plaies qu'il faut cacher et panser en secret. Faisons des vœux pour qu'on les panse, pour qu'on les guérisse, et pour qu'on en fasse disparaître jusqu'à la trace. La tâche sera longue et difficile, et je le répète, ce n'est pas le lieu de s'appesantir sur ce sujet douloureux.

Quant à toutes les autres dames galantes, elles occupent les divers degrés de l'échelle du demi-monde. Il y en a parmi elles qui, par leur luxe et leur bien-être, rivalisent avec les duchesses et les marquises les plus authentiques. On a dit quelque part qu'elles formaient la tribu des archidrôlesses. Elles ont quelquefois des hôtels, et toujours des diamants, des laquais poudrés et des voitures à huit ressorts. Elles ont un portefeuille très-bien garni en actions excellentes et en obligations garanties. Cela est le fruit de leur travail, l'épargne réalisé près des cinq, dix, quinze ou vingt prodigues qui ont jeté avec gaieté, pour elles, leur patrimoine par la fenêtre.

Bien que fort riches et fort heureuses, elles n'en sont pas plus fidèles pour cela. Elles ont une morale qui pose comme premier principe qu'il ne faut avoir ni cœur, ni sensibilité, ni reconnaissance.

Si elles cédaient à une de ces *niaiseries*, c'est ainsi qu'elles qualifient les plus fiers instincts de notre âme, elles seraient perdues et deviendraient aussitôt les esclaves de ceux qu'elles conduisent la cravache à la main. Leur beauté est un capital auquel il faut faire produire les plus excessifs dividendes. Quant à l'amant, peu importe qu'il soit jeune ou vieux, bien élevé ou commun, beau ou laid, spirituel ou idiot. S'il est riche, tout est dit, il est accepté et préféré tant que ses prodigalités dépasseront celles de ses rivaux. Mais gare à cet élu s'il s'avise de concevoir un véritable amour pour cette drôlesse. Elle et ses pareilles n'admettent point la passion, cette seconde innocence qui permet aux honnêtes et aux sages de pouvoir pardonner aux pécheurs leurs erreurs, et de leur donner rendez-vous au ciel.

En leur laissant ignorer la passion, la fatalité semble avoir voulu porter au comble leur déchéance et leur ignominie, afin qu'elles cessassent d'être des personnes et devinssent quelque chose d'abject et de honteux dont on ne trouverait pas le nom, même dans le lazaret du dictionnaire. La tribu des archidrôlesses est peu nombreuse. Comme signe particulier, la jeunesse lui fait complètement défaut.

Au-dessous de ces redoutables sirènes, il en est d'autres moins fastueuses, mais tout aussi trompeuses, qui ont la même horreur de la fidélité, et qui trouvent le moyen de se multiplier entre deux soleils, au point de persuader à plusieurs soupirants qu'elles sont leur propriété exclusive. La vie de ces malheureuses n'est que feinte et mensonge. Elles se creusent la tête pour imaginer des *alibi* perpétuels, parce qu'il leur importe le soir de prouver à trois personnes différentes qu'à telle heure de la journée elles se trouvaient dans trois endroits différents. Le bain, une visite à sa mère, sont les prétextes généralement invoqués pour motiver des sorties qu'on n'avait pas prévues. Les soupirants auxquels on objecte ces raisons font tous leurs efforts pour comprendre. Si la sincérité ne jaillit pas de ces déclarations, ils restent plongés dans un vague qui suffit à la coupable pour la mettre à l'abri, sinon du soupçon, du moins d'une confusion honteuse.

C'est à cette même catégorie de filles légères qu'appartiennent ces aimables enfants qui se disent artistes dramatiques et comédiennes, parce que dans les petits théâtres elles estropient des couplets égrillards ou représentent des fées, des génies et des lutins. Le théâtre augmente, pour la demoiselle légère, les moyens de tromper son amant. Elle a à son service, les lectures, les collations de rôles, les répétitions, les raccords, les essayages de costumes, etc. Avec celles-là un gandin n'y peut voir que du feu. Sa comédienne pourra être aimée par le directeur, par tous les comédiens, par tous les musiciens, rien ne transpirera. Ces petites demoiselles ont fait assister les décors à des scènes et à des situations que les grands maîtres n'avaient point prévues dans leur répertoire, et auxquelles, il faut l'espérer pour l'honneur de l'art dramatique, on saura mettre fin, même dans ces petits *bouibouis* qu'a fait germer partout, comme des champignons, la liberté des théâtres.

Eût-on la puissance du diable boiteux, on ne pourrait suivre dans leurs évolutions compliquées ces folles demoiselles, alors qu'elles s'agitent et se démènent pour conduire de front les intrigues avec leurs divers amants. Contentez-vous de savoir qu'elles ont su par leurs ruses, leurs impostures et leurs rouerics, reculer les bornes de la trahison et l'élever à la hauteur d'un art. Elles ont découvert le secret redoutable de dissimuler leurs perfidies et de donner aux démarches les plus hardies et les plus compromettantes l'apparence la plus naïve et la plus innocente. Elles pèchent avec le sourire sur les lèvres et la pudeur au front. Elles reviennent d'un rendez-vous plongées dans une attitude qui porterait à croire qu'elles sortent de chez leur confesseur. Si on s'avise de les questionner, elles se révoltent, se fâchent, et revendiquent aussitôt le même bénéfice que la femme de César. Les plus jaloux, les plus absolus, les plus fiers sont contraints d'accepter leurs mensonges comme autant de vérités, car s'ils s'avisaient de douter, ces filles tombées, pour lesquelles la perte d'un soupirant n'est qu'un détail, leur mettraient aussitôt le marché à la main.

Le théâtre, qui ne corrige plus les mœurs en riant, et qui préfère rire des mœurs sans les corriger, exploite depuis longtemps ces tristes turpitudes avec un profit considérable. Chaque soir, à Paris, les fredaines de ces demoiselles sont dévoilées dans des vaudevilles égrillards en face des gandins et des prodigues, victimes résignées de ces infamies, qui applaudissent à tout rompre, et ne veulent absolument pas reconnaître qu'on rit à leurs dépens. Ce malentendu durera tant que les théâtres ne se débarrasseront pas, à l'aide d'un violent coup de balai, des farceuses sans talent et souvent sans beauté, qui encombrent leurs planches, non pas pour jouer la comédie, non pas pour parvenir à la jouer un jour, mais pour mettre audacieusement sur leurs cartes qu'elles sont des artistes dramatiques, et coter leurs charmes à un taux plus élevé. Puisque ce stratagème grossier réussit, elles ont bien raison de l'employer. Il serait à souhaiter que cette malice ne durât pas plus longtemps. Les vraies comédiennes surtout devraient provoquer la fin de cette fantasmagorie qui les souille et les atteint dans leur dignité d'artiste.

J'affirme que si des sergents de ville se postaient chaque soir à la sortie des coulisses des petits théâtres, pour empêcher les ignobles marchés qui s'y concluent, ils ne perdraient pas leur temps et feraient plus pour les mœurs que les sermonneurs qui crient dans le désert. Ils s'opposeraient à ces trafics honteux qui persuadent aux honnêtes gens qui passent que les théâtres ne sont que des lieux de perdition faisant concurrence aux maisons tolérées et patentées.

On trouvera peut-être que j'ai manqué d'enthousiasme et d'illusion pour parler de cette galanterie parisienne si vantée dans le monde entier. J'en ai parlé avec sincérité; on peut vérifier mes assertions : on reconnaîtra qu'elles sont exactes, précises, et peut-être au-dessous de la désolante réalité. D'ailleurs, les étrangers qui arrivent à Paris ne tarderont pas à proclamer la parfaite authenticité de mes témoignages. Ils peuvent, sans hésitation, entrer dans ces bergeries infernales. Le succès les attend, et pour l'atteindre, ils n'ont qu'à consulter leur sacoche.

Quant à tous ces avantages de don Juan et de Lovelace, ce sont là, maintenant, autant de qualités superflues. Le progrès a supprimé tous ces détails. Les demoiselles en question, placées aux divers échelons de la galanterie, s'en soucient autant qu'un poisson d'une pomme. L'une d'elles a résumé tout dans un détestable calembour. Nous demandons, dit-elle à un monsieur, non pas d'avoir beaucoup de *chic*, mais beaucoup de *chèques*. O progrès, voilà de tes coups! Je subis ces écarts et ces insultes à notre proverbiale courtoisie, mais je conserve l'espoir de l'arrivée d'un temps meilleur, qui saura faire rentrer dans le néant ces harpies disgracieuses, et qui rendra le haut du pavé aux beautés timides que ces saturnales et ces dépravations effarouchent.

XIII

FOURBERIES DES FEMMES EN MATIÈRE DE SENTIMENT

Vous connaissez la série de légendes de Gavarni, qui porte ce titre ?

Première légende : *Le truc à la migraine*. Madame est au lit, la tête sur l'oreiller, ses jolis yeux clos, attendant avec impatience que son mari s'en aille — pour recevoir son amant. Le mari s'en va, confiant, en disant : « — Que voulez-vous, j'irai tout seul... Satanée migraine ! Tu souffres donc bien ? Pauvre chat !... »

Deuxième légende : *Le truc à la marraine*. Monsieur et Madame sont au lit, se tournant le dos, Madame sur le devant, se rappelant une foule de jolies choses, Monsieur dans la ruelle, soupçonnant une foule de vilaines choses. — Voilà deux fois que vous rentrez à minuit, cette semaine ! Qu'est-ce que c'est que ce genre-là ? — Puisque je t'ai déjà dit que marraine était en couches... — Nâtin ! elle y met le temps, cette marraine-là !... »

Troisième légende : *Le truc au parapluie. Elle* et *lui* sont assis sur le sopha — de Crébillon, — juste au-dessous du portrait richement encadré de M. Coquardeau, leur victime. *Elle* fait des recommandations à *lui* : — « Entends-moi bien. Demain matin, il ira t'engager à dîner; si tu lui vois son parapluie, c'est qu'il n'aura pas sa stalle aux Français, alors tu n'accepteras pas; s'il n'a pas de parapluie, tu viendras dîner. — Mais (il faut penser à tout), s'il pleut demain matin ? — S'il pleut, il sera mouillé, voilà tout... Si je ne veux pas qu'il ait un parapluie, moi, il n'en aura pas... Tu es donc bête !... »

Quatrième légende : *Le truc à la poupée*. M. Coquardeau est assis, regardant avec complaisance jouer sa petite fille, pendant que sa femme, debout derrière son fauteuil, lui dit négligemment : « Tu ne sais pas ce que ta fille a fait ? La mâtine ! n'a-t-elle pas jeté sa cateau dans le jardin de mossieu Alexandre (ce mossieu du rez-de-chaussée, qui a cette barbe...). Il a eu la politesse de remonter la cateau à mademoiselle Nini. Il est fort honnête, ce mossieu... C'est égal, il me déplairait... »

Cinquième légende : *Le truc de l'affaire du visiteur inconnu.* M. Coquardeau rentre — trop tard, — et, avant de se débarrasser de sa canne et de son chapeau, il examine d'un air méfiant sa femme, debout devant lui comme une coupable devant son juge. « Qu'est-ce que c'est que ce mossieu qui sort d'ici? — Ah ! mon Dieu ! il ne t'a pas parlé ?... C'est un mossieu qui venait pour l'affaire d'Ancelin...., et qui part ce soir... il t'a attendu plus de deux heures !... — Mais comme tu as chaud, ma biche !... »

Et ainsi de suite pendant des pages et des pages. C'est charmant et cruel comme la vérité : on a peur de se marier quand on a feuilleté cette collection de fourberies féminines. Mais ce n'est pas seulement de celles-là qu'il s'agit ici : il s'agit encore, il s'agit surtout des *ficelles* qu'emploient les Parisiennes pour *fourrer dedans* les honnêtes gens qui s'approchent trop près d'elles. Ficelles nombreuses, dont la liste emploierait un volume entier, et auxquelles je ne puis consacrer qu'un chapitre, que je vais diviser en autant de chapitriculets qu'il y a de ficelles principales.

Je commencerai par les ficelles banales, qu'avec un peu de flair on peut éventer ; par exemple :

LA FICELLE A LA CONSOMMATION

Vous flânez sur les boulevards, ou dans un bal à cocottes, reluquant afin d'être reluqué. Les terrasses des cafés où les *box* des bals ont leur garniture d'almées à l'œil noir, qui sont assises deux à deux à une table, consommant en attendant mieux. Un rapide regard que vous avez saisi au vol vous autorise à vous approcher et à entamer avec ces dames une conversation plus ou moins piquante. On vous répond de façon à vous laisser croire que vous causez comme Méry, ce qui vous flatte et vous inspire de nouveaux madrigaux qui sont reçus aussi favorablement que les premiers. L'une des almées se lève sous prétexte aller rejoindre une personne qui passe, et vous restez seul avec l'autre, qui vous plaît davantage. Vous parlez d'or, on vous écoute avec respect; puis, comme vous n'insistez pas, on comprend qu'il n'y a rien à faire avec vous, et la seconde almée se lève comme la première, sous le même prétexte, en appelant le garçon et en vous désignant du geste. Le garçon a compris — et vous comprenez aussi.

Vous avez été *refait* !

LA FICELLE AU BOUQUET

C'est au bal que fleurit cette ficelle-là. Qui dit femmes dit naturellement camélias, — ou roses, ou violettes de Parme, ou n'importe quoi d'agréable à l'œil et au nez. Les bouquetières sont inséparables des cocottes.

Donc, au Casino, ou à Mabille, ou à Valentino, ou au

Wauxhall, partout des Isabelles. — « Achetez-moi un joli bouquet pour votre dame ! » Voilà ce que vous entendez à chaque pas. Vous achetez pour *votre dame*, qui vous en remercie distraitement, une touffe de lilas blanc ou un paquet de roses d'un prix violent, et vous faites quelques tours de bal, après quoi l'on vous *lâche d'un cran* en vous promettant de vous reprendre dans la soirée, et on s'empresse d'aller se débarrasser de votre galanterie auprès de la bouquetière, qui la reprend toujours — à moitié prix.

Il paraît que c'est une tradition bien établie, comme de droit naturel, puisqu'une des célébrités de la rue Cadet, mademoiselle Nini-Belles-Dents, raconte à qui veut l'entendre que, dans la même soirée, elle s'est fait acheter et a revendu *cinquante-trois fois* la même orange, — sans compter *onze éventails* et *dix-huit bouquets*. Une assez jolie petite industrie, n'est-ce pas ?

LA FICELLE DES DIX MINUTES D'ARRÊT

Vous avez voyagé en chemin de fer après avoir bien déjeûné ; vous savez ce qu'il y a parfois de supplices entre une station et une autre — trop éloignée, à votre gré. Ah ! comme vous regrettez le bon temps des diligences et des coucous ! Au moins, dans ce temps-là, si on mettait deux jours pour aller à Rouen, on avait le droit de s'arrêter en route pour monter les côtes, pour se rafraîchir avec le conducteur, et, après s'être rafraîchi, pour — se dégourdir les jambes. Aujourd'hui, soyez malade, soyez mourant, mourez : le convoi qui vous emporte ne se ralentira pas d'une seconde pour vous. S'il est urgent, s'il est indispensable que vous descendiez, vous ne pourrez le faire que lorsque retentira la voix des employés criant : « *Creil, dix minutes d'arrêt.* » Et vous vous précipitez, suivi d'une foule de voyageurs pris de la même idée que vous.

D'où l'ingénieuse appellation de *dix minutes d'arrêt*, appliquée par un écrivain malheureusement anonyme aux établissements à quinze centimes, qu'on trouve dans presque tous les passages et qu'on est assuré de trouver dans tous les bals publics. Savez-vous alors ce qui arrive? Non. Eh bien, il arrive d'abord une dame quelconque, jeune, cela va sans dire, jolie quelquefois, mais pas assez cependant pour réussir dans d'autres affaires; elle vient à vous avec empressement, et vous parle bas en souriant; vous souriez aussi, et vous donnez rapidement cinquante centimes au lieu de quinze qu'on vous a demandés — et dont on n'avait pas du tout besoin. Voilà ce qui arrive ! Avec cette ficelle-là, la dame qui l'exploite adroitement peut se faire un revenu fixe d'une dizaine de francs par soirée, — ce qui vaut infiniment mieux, avouez-le, que d'aller « s'échiner le tempérament » toute une journée, dans un atelier, pour gagner trente misérables sous...

LA FICELLE DU VER RONGEUR

La vertu va à pied et se crotte. Le vice, qui n'aime pas à se fatiguer — inutilement, — va en voiture et ne se crotte pas. C'est pour les petites dames que les petits coupés sont faits.

Un coupé de remise, c'est confortable et cela va vite. En une heure, pour 2 fr. 25 c., on fait bien du chemin à Paris, quand on est pressé et qu'on a beaucoup de *connaissances* à voir! Oui, mais les connaissances ne sont pas toujours chez elles, et il faut en faire vingt avant d'en trouver une — qui n'est pas toujours de galante humeur. « Fouette, cocher! la ville est bonne! Une jolie fille n'est pas embarrassée pour si peu! » Et la voiture repart, pour s'arrêter de nouveau, puis repartir, puis finalement s'arrêter, à bout de courses infructueuses : dix heures à payer, 25 francs, — sans compter le pourboire du cocher, estimé à 5 francs.

Il faut payer ces 30 francs. Il y a des jours où le

cocher fait crédit, il y en ... 'autres où il n'entend pas de
cette oreille-là. Il faut t... 30 francs, là, à n'importe
quel prix. Oh! mon D... t bien simple! La cocotte
se fait descendre sur le ... Montmartre et s'installe
sur la terrasse d'un café... onsieur passe, regarde,
est regardé d'une certain... croit qu'on ne regarde
que lui de cette façon-là, ... fler, va s'installer à la
table d'où on l'a regardé a... diné, bien diné, il est
disposé à voir tout en rose, ... our mieux voir de cette
couleur-là, il offre une voiture. C'est là qu'on l'attendait!
La voiture qu'il demande si imprudemment est là, station-
nant devant le café : il bénit le hasard et s'empresse de
monter, en compagnie de l'aimable créature dont il a fait
la conquête. « A l'heure, cocher, et rue Bréda! » Le cocher fouette allègrement ses chevaux en homme qui est
sûr désormais d'être payé. Au bout d'une demi-heure,
le monsieur descend : il a 32 francs 25 centimes de frais,
— sans compter le pourboire, s'il est généreux, et, s'il
est galant, un autre pourboire...

C'est ce qu'on appelle *la ficelle au ver rongeur*.

LA FIOBLLE A LA MÉNAGÈRE

Vous avez eu l'imprudence — bien pardonnable — de vous laisser séduire par deux beaux yeux ornés d'un nez retroussé ou d'un nez aquilin, qui brillaient sur la terrasse du Café du Cercle ou à la porte du Café de Bade. Il est minuit et demi, vous n'avez pas faim, votre compagne non plus ; mais, comme il est de tradition qu'un homme qui rencontre une femme à cette heure-là sur le boulevard l'emmène souper, vous l'emmenez souper ici ou là, — non pas où vous voudriez aller, sachant que la cave y est bonne et la cuisine excellente, mais où elle vous conduit, elle qui a ses raisons pour cela.

Dans les cabinets particuliers de certains restaurants du boulevard et d'ailleurs il y a peu de meubles, parce que, à part un ou deux, ils sont inutiles ; quelques-uns cependant sont garnis de *bibelots*, aussi inutiles en apparence que les meubles, mais en réalité utiles à quelques personnes, comme vous allez voir. Parmi ces bibelots, que vous ne remarquez pas, occupé que vous êtes de détailler du regard les perfections naturelles ou d'emprunt de votre soupeuse, celle-ci, à qui vos perfections et vos imperfections sont indifférentes, reluque une ménagère anglaise fort élégante sur laquelle elle finit par appeler votre attention. « Oh! mon petit bébé, vous dit-elle de sa voix la plus amoureuse, je serais la femme la plus heureuse du monde si j'avais cette petite chose-là, qui me reluit dans le ventre... Cora en a une toute pareille, Chinchinette aussi, Héloïse aussi, Rosalba aussi... Il n'y a que moi qui n'en ai pas... » Comme votre soupeuse a pris soin de vous demander cela juste au moment où un galant homme ne peut rien refuser à une jolie femme, vous consentez, et en récompense on vous donne des noms d'oiseaux, en vous passant la main dans les cheveux. Le garçon grossit l'addition du prix de la ménagère anglaise, — et même quelquefois, quand il suppose que *votre dame* vous a jeté assez de poudre de riz dans les yeux pour vous aveugler, il la surcharge du numéro du cabinet où l'on vous a donné des noms d'oiseaux, — et le tour est fait! Trente ou quarante francs, ces petits bibelots-là !...

Je n'ai pas besoin d'ajouter que cette ménagère anglaise est trop embarrassante pour que *votre dame* l'emporte avec elle : elle l'enverra chercher plus tard. Plus tard, c'est le lendemain ; elle n'envoie pas, elle vient elle-même, avec l'addition de *son monsieur*, et on lui remet — le prix du bibelot gagné par elle à ce jeu de hasard qu'on appelle jeu de l'amant. Dans deux ou trois jours, elle soupera dans le même cabinet avec un autre *bébé*, et, juste au même moment, lui fera la même demande, qui aura peut-être le même résultat. Je dis peut-être, car tout le monde n'est pas toujours disposé à payer un supplément de 30 ou 40 francs, — sans compter le numéro du cabinet — pour un souper déjà fortement poivré. Dans ces cas-là, le coup de la ménagère anglaise ayant manqué, la rameneuse reçoit du patron, en sortant, un cachet qui lui servira à dîner seule les jours où elle ne trouvera pas à souper deux.

LA FICELLE DU CABINET

Puisque je viens de parler des endroits où l'on soupe, je ne dois pas les quitter avant d'avoir signalé une habitude invétérée chez les cocottes qui n'ont *rien fait* dans leur soirée.

Le restaurant est ouvert à tout le monde — et à tous les mondes, demi, quart et au-dessous. Vous êtes monté, seul ou avec un compatriote, et vous vous êtes installé dans un cabinet particulier, résolu à souper parce que vous avez faim, et à rentrer vertueusement chez vous après souper parce que vous êtes fatigué. Mais vous avez compté sans votre hôtesse, — une mignonne petite hôtesse qui n'a rien de farouche, puisqu'elle ouvre sans façon votre porte que lui a signalée le garçon qui vous sert et qui vous sait par conséquent *sans dame*. Pour les garçons des restaurants ouverts la nuit, les cabinets particuliers n'ont pas été inventés à l'usage des hommes seuls, mais des messieurs avec *dames* : pour y souper, il faut absolument y être deux. Aussi, lorsqu'un garçon vous sait seul, il croit de son devoir de vous envoyer de la compagnie, — une compagnie sur laquelle il a sa remise...

Donc, au moment où vous vous y attendez le moins, toc, toc! on frappe discrètement, on ouvre, on montre patte blanche, dents blanches, blanches épaules, et, quand on est tout à fait entrée, on fait mine de se retirer en disant d'un air confus : « Pardon, monsieur, pardon! Je croyais entrer chez des amis à moi... Le garçon s'est trompé... Je me suis trompée... » Nous nous sommes trompés, vous vous êtes trompés, ils ou elles se sont trompés... Elle pourrait continuer à conjuguer comme cela le verbe *se tromper* si, mis en humeur galante par son appétissante frimousse, vous ne songiez aussitôt à lui faire conjuguer le verbe *aimer*. C'est bien sur quoi compte *la leveuse au cabinet*, et elle réussit dix-neuf fois sur vingt, parce que les renseignements pris par elle sont exacts et que les garçons ne se trompent jamais. Vous comptiez souper seul, et vous en étiez heureux; vous soupez deux, et — l'avenir, sire, appartient à Dieu...

LA FICELLE DU PRINCE

Les femmes n'ignorent pas qu'il est nécessaire de monter la tête aux hommes quand on veut se faire adorer d'eux. Du moment qu'il est admis que la fidélité est une plante rare qui, comme l'aloès, ne fleurit que tous les cent ans, les hommes qui font commerce de galanterie avec les femmes spéciales de Paris renoncent à être aimés exclusivement et acceptent des rivalités, à la condition qu'elles ne seront pas humiliantes : un grand nombre d'entre eux, même, se sentent flattés d'une certaine concurrence, qui leur prouve que la maîtresse dont ils ont fait choix est une maîtresse à la mode.

C'est pénétrées de cette vérité, que les hommes ont autant de vanité que les femmes, que les drôlesses de la Haute et Basse Bicherie ont imaginé *la ficelle du prince* pour mieux faire danser leurs pantins. Cela ne date pas d'hier. « Il y a vingt ou vingt-cinq ans, sous le prétexte spécieux, raconte Nestor Roqueplan, que le duc d'A.... était prince du sang, fort riche et joli homme, toutes les demoiselles non entretenues se vantaient de l'être par lui. C'était mademoiselle L..., de l'Opéra, qui avait mis cette plaisanterie en circulation. On ne pouvait arriver près de ces dames sans avoir passé deux heures dans une armoire, parce que, disait-on : *Il est là !* Un dimanche de novembre, dans diverses maisons, quelques jeunes gens moururent de froid sur diverses gouttières, en attendant que *les* ducs d'A.... fussent partis. Un jour, un flâneur, très-versé dans le personnel des rues Navarin et Bréda, se présente chez une de ces demoiselles : « Filez, « filez vite, *le prince est là !* » Chez une seconde : « Vous « allez nous faire pincer, *il est là !* » Chez une troisième : « Vous voulez me perdre ! partez, c'est *son* heure ! » Chez une quatrième : « Montez vite, *il* est déjà au pre- « mier ; vous redescendrez dans une heure. » Il avait ainsi compté quinze ducs d'A..... Non-seulement la lorette avait inventé les *faux ducs* d'A...., mais encore les faux cigares du prince de J....; elle en avait toujours sur sa cheminée une demi-douzaine qu'elle offrait avec mystère, et que les Arthurs fumaient avec une délectation tout à fait dynastique. »

LA FICELLE DU MAGOT

Je la trouve bien racontée par l'auteur anonyme de *Ces Dames du Casino*, et, quoiqu'elle soit employée par une foule d'autres dames, je n'hésite pas à substituer la courte narration de mon confrère inconnu à celle que je me disposais à en faire moi-même, pour ne rien oublier des fourberies féminines.

Elle est grande, elle est brune, elle est aimable. Après quelques conversations ébauchées au Casino, elle vous glisse son adresse, tout en faisant entendre que son amant, boursier de profession et jaloux par tempérament, serait très-flatté de ne pas vous rencontrer chez elle. On vous indique conséquemment les heures de réception : Madame sera visible de une heure à trois.

Vous dissimulez adroitement sa carte... et votre bonheur. Le lendemain, vous lui rendez visite. Madame vous reçoit avec une grâce exquise, vous offre un angle de cheminée, et la conversation s'engage. Vous êtes très-spirituel, elle est adorable. Intimement, vous vous félicitez de jouer un mauvais tour au boursier. Vous faites quelques légères tentatives de séduction, — suivies, il faut l'avouer, d'un commencement d'exécution. Elle se lève, vous l'imitez. Elle vous repousse faiblement, et va vous faire des reproches sur votre juvénile ardeur. Tout à coup, un cri !... Vous faites un mouvement brusque... et le bruit d'une porcelaine brisée vient vous agacer le tympan. Instinctivement, vous restez immobile... — « O mon Dieu ! » s'écrie la charmante femme. Et vous la voyez se baisser pour ramasser les éclats d'un pauvre magot en kaolin, cassé dans sa chute. — « Et dire qu'il m'avait coûté deux louis, rue Vivienne !... »

Que faire ? Vous payez le magot, discrètement, en laissant glisser sur la cheminée les deux louis, prix de votre maladresse... Puis vous voulez continuer la conversation au point intéressant où vous l'avez laissée; mais elle, de son doigt d'ivoire, vous indique la pendule... la pendule qui marque fatalement trois heures moins cinq minutes ! Un boursier est si vite arrivé ! Vous vous éclipsez rapidement, et le magot rafistolé recommence sa petite fonction demain, après-lemain, et bien d'autres fois encore.

LA FICELLE DU TERME

Vous avez rencontré au bois ou aux Tuileries, au bal masqué ou sur les boulevards, quelque part enfin, une délicieuse créature qui, après bien des façons, bien des *si*, bien des *mais*, a consenti à vous recevoir chez elle, dans un délicieux petit entre-sol de la rue Laffitte, qui a dû coûter cher à meubler, car les meubles en sont délicieux aussi. D'abord, vous avez cru à une aventure banale, et, tout en cheminant, vous avez fait gaiement et mentalement votre deuil de quelques napoléons : les jolies filles sont les jolies filles, que diable ! Mais voilà que, dans ce petit entre-sol coquet et parfumé de la rue Laffitte, vos idées se modifient, et que, comme on se garde bien de faire la moindre allusion à votre portefeuille, vous ne tardez pas à vous imaginer que vous êtes tout simplement en bonne fortune...

Et pourquoi pas, donc ? Vous êtes encore jeune, vous avez été beau, vous possédez quelque esprit, vous êtes spirituel : ce sont là des avantages que n'offre pas toujours le premier venu, et il n'est pas du tout impossible qu'une femme de goût vous aime pour vous-même. Cela s'est vu, cela peut se voir encore sans doute... Vous vous endormez dans ces riantes idées, qui vous rajeunissent de vingt ans et vous valent des compliments que vous n'hésitez pas à trouver sincères, parce que vous n'hésitez pas à les trouver mérités.

Votre réveil est agréable. Un homme satisfait de lui est ordinairement content des autres. Vous vous dites avec un certain orgueil que vous avez là, sous les yeux, dormant à vos côtés dans la pose la plus charmante, une maîtresse comme vous n'auriez pas osé vous en rêver une dans ce Paris peuplé de femmes banales qui, de tous les saints du calendrier, n'adorent religieusement que Cinq Louis, et vous faites alors les projets les plus jolis du monde. Tout à coup, des bruits désagréables vous arrivent aux oreilles : on a l'air de se chamailler dans l'antichambre. Qu'est-ce ? Vous allez interroger votre bien-aimée, mais elle-même prête l'oreille pour tâcher de deviner la cause de ce tumulte intempestif. La *bonne* entre sur la pointe du pied, un doigt sur la bouche comme un exemplaire de la statue du silence. — « C'est le concierge avec la quittance, madame, dit-elle à voix basse. — Renvoyez-le, dit à voix basse aussi votre bien-aimée, visiblement contrariée. — Je ne peux pas, madame ; il dit que voilà quinze jours que vous le faites aller et qu'il ne peut plus attendre, parce que le propriétaire le renverrait... Il parle de donner congé par huissier à madame... de faire vendre les meubles de madame... un tas d'horreurs ! Il est très-monté, ce matin, le pauvre cher homme !... » Votre bien-aimée est de plus en plus visiblement contrariée, elle vous regarde à la dérobée comme pour demander pardon de vous rendre témoin de cette scène ridicule, et de temps en temps elle murmure : « Que faire, mon Dieu ! que faire !... » Vous êtes touché de tant de discrétion, et, pour ne pas être vaincu sur le terrain de la générosité par une femme, vous dites à la soubrette de faire entrer le concierge, et, sans vouloir connaître de la quittance que celui-ci vous tend autre chose que le chiffre, — qui est assez rond, — vous payez, heureux de rendre service à une femme assez désintéressée pour vous aimer pour vous-même.

Vous ne l'avez pas examinée, cette quittance, vous ne pouviez pas l'examiner, — votre bien-aimée ne vous l'eût pas laissé examiner, sinon vous vous seriez aperçu qu'elle avait dû déjà servir plusieurs fois. C'est, en effet, un *accessoire* de cette petite comédie du réveil, jouée si souvent et avec le même succès par votre bien-aimée.

Ah! monsieur, cela coûte plus cher d'être aimé pour soi-même que de l'être pour un prix débattu d'avance!..

Si cela peut vous consoler, je vous dirai en confidence, non pas que beaucoup d'honnêtes gens sont tombés comme vous dans ce *godan-là*, — cela va de soi, — mais que l'accessoire en question n'est pas toujours le même c'est tantôt une quittance de loyer, tantôt une note de tapissier, tantôt un billet à ordre, tantôt ceci, tantôt cela, — et toujours la même somme, par exemple,..

Innocents, vous êtes prévenus.

Ne Venez pas à l'Exposition
SANS LES GUIDES-CONTY

| PARIS EN POCHE | PARIS POPULAIRE |

Paris en Poche, 4 fr.   Paris Populaire, 2 fr. 50

PARIS INSTANTANÉ
(Prix : 2 50) **PLAN A AIGUILLE** (Prix : 2 50)

Grâce à cette nouvelle combinaison, les recherches sont aussi instantanées que la parole, et l'on peut pointer 15 rues à la minute.

MORALITÉ

Tout s'achète en ce monde, — et c'eſt souvent ce qui vaut le moins qui coûte le plus. Pourquoi l'expérience ne se payerait-elle pas comme autre chose? Les pères qui envoient leurs fils à Paris, les femmes qui y laissent aller leurs maris redoutent pour eux mille périls — imaginaires : on ne s'y perd pas plus, on ne s'y ruine pas plus qu'ailleurs; on y apprend & on s'y amuse davantage, voilà tout.

Car Paris eſt la grande École où une foule de professeurs charmants enseignent aux ignorants de tout âge & de tout poil la science difficile de la vie, qui ne s'apprend pas dans les livres mais dans la pratique quotidienne, incessante, acharnée de toutes les vérités utiles à connaître. Cela exige assurément une certaine dépense de temps & d'argent, mais aussi combien les résultats sont précieux! On était entré timide, gauche, maladroit, étourdi, ne sachant ni parler, ni marcher, ni penser; des mains délicates ont pris soin de vous enlever votre gourme native, des bouches ardentes ont pris la peine de sécher les gouttes de lait que vous aviez encore aux lèvres : désormais vous irez droit votre chemin sans broncher, — comme un bon cheval qui se souvient des coups de fouet du manége. Votre cœur a peut-être subi quelques avaries, mais, en revanche, votre esprit s'eft fortifié. Vous êtes un homme!

Ne méprisez donc pas Paris en le quittant, ô vous tous qui êtes accourus enfiévrés d'illusions de toute sorte, altérés d'émotions de toute espèce! Ne criez pas au poison, à présent que vous avez bu; ni à la déception, maintenant que vous avez vu! Soyez, au contraire, reconnaissants envers cette prétendue *marmite du diable*, où l'on croyait que vous seriez brûlés tout vifs, & d'où vous sortez avec les mouftaches à peine roussies.

Si le plaifir eft une rose,

avec ses épines & leurs cuissons douloureuses,

Le souvenir en eft l'odeur,

et, comme tel, il parfume les cœurs qu'*elles* ont le plus meurtris.

Emportez donc avec vous les *Parfums de Paris*: cela vous tiendra douce compagnie durant les soirs d'hiver, quand, après souper, à l'exemple du bonhomme Grandgousier, vous vous chaufferez à une belle, claire & grande flamme, en « attendant graisler les chastaignes. »

ALFRED DELVAU.

Avril 1867.

FIN

ITINÉRAIRES PRATIQUES & CIRCULAIRES

GUIDES-CONTY

EXTRAIT DE LA COLLECTION :

Paris en poche....	4 »	La Hollande.......	2 50
Les Plaisirs de Paris.............	4 »	Quinze jours sur le Rhin............	2 50
Paris populaire....	2 50	Belgique en poche.	2 50
Les bords du Rhin..	5 »	L'Oberland........	2 50
Londres en poche..	4 »	Suisse et grand duché de Bade.....	2 50
Bruxelles..........	2 »		
Les côtes de Normandie...........	2 50	Suisse française...	2 50
		Alsace et Vosges..	2 50

Les **GUIDES CONTY**, essentiellement pratiques, sont les seuls qui correspondent à l'itinéraire tracé par les billets circulaires. Clairs et précis, ils résument tout, malgré leur prix minime de 2 fr. 50 c.

IMPOSSIBLE AVEC CES GUIDES D'ÊTRE EMBARRASSÉ

TABLE DES MATIÈRES

	Pages.
Préface	1
Définition des plaisirs	3
Arrivée à Paris	7
Choix d'un tailleur	9
La langue verte	10
L'emploi de la journée	14

PROMENADES DANS PARIS

Les boulevards	17
Les Champs-Élysées	23
Le bois de Boulogne	29
Le bois de Vincennes	33
Le jardin des Tuileries	37
Le jardin du Luxembourg	41

TABLE DES MATIÈRES

	Pages.
Le parc Monceaux.	44
Le Jardin du Palais-Royal.	46
Le Jardin des Plantes.	50

LES PASSAGES

Passage Jouffroy. — Passage Verdeau. — Passage des Panoramas. — Passage des Princes. — Passage de l'Opéra. — Passage Choiseul — Passage Vivienne. — Passage Colbert. — Passage du Saumon. 53

Les cafés de Paris.	62
Les restaurants de Paris.	90
Les théâtres de Paris.	145
Les cirques et l'Hippodrome.	171
Spectacles divers.	173
Les concerts.	174
Les cafés-concerts.	179
Les bals d'été et d'hiver.	185
Les bals masqués.	210
Les bals du demi-monde.	213
Les cercles et les clubs.	217
Les courses.	228
Le sport nautique.	247
Livres et journaux.	252
Ces dames en général.	260
Fourberies des femmes en matière de sentiment.	273

TABLE DES MATIÈRES

	Pages.
Les ficelles de ces dames.	273
Ficelle à la consommation.	275
Ficelle au bouquet.	276
Des minutes d'arrêt.	277
Ficelle du ver rongeur.	279
La ficelle à la ménagère.	281
La ficelle du cabinet.	283
La ficelle du prince.	285
La ficelle du magot.	286
La ficelle du terme.	288
Moralité.	293

PARIS. — IMPRIMERIE L. POUPART-DAVYL, RUE DU BAC, 30.

LIBRAIRIE ACHILLE FAURE
18, rue Dauphine

L'ART D'ACCOMMODER LES RESTES
LIVRE DE CUISINE
A L'USAGE DES PETITES FORTUNES
Un joli volume cartonné : 1 fr. 25

LA CUISINE POUR TOUS
PAR L'AUTEUR DE
L'ART D'ACCOMMODER LES RESTES
Un joli volume cartonné : 1 fr. 25

L'ART D'ÊTRE POLI ET AIMABLE
AVEC TOUT LE MONDE
Un joli vol. in-18, brochure élégante. — Prix : 1 fr. 25

GUIDE MANUEL DU SERRURIER
Un vol. in-8, avec 332 figures. — Prix : 5 fr.

LA MALICE DES CHOSES
PAR ARTHUR DE GRAVILLON
1 vol. in-18, avec 100 vignettes, par Bertall, 5 fr.

NE VOYAGEZ PAS

SANS LES

GUIDES CIRCULAIRES CONTY

PUBLIÉS SOUS LE PATRONAGE

DES COMPAGNIES DE CHEMINS DE FER

EXTRAIT DE LA COLLECTION

Paris en poche... 4 »	Quinze jours sur les bords du Rhin. 2 50
Les Plaisirs de Paris......... 4 »	Belgique en poche. 2 50
Paris populaire . 2 50	L'Oberland bernois......... 2 50
Les bords du Rhin en poche...... 5 »	
Londres en poche 4 »	Suisse et grand-duché de Bade. 2 50
Les côtes de Normandie....... 2 50	La Suisse française 2 50
Belgique et Hollande........ 2 50	Alsace et Vosges. 2 50

PLAN DE PARIS

Magnifique plan FURNE

Mis au courant de tous les derniers changements

Une feuille grand aigle. Prix : 2 fr. 50

Cartonné et plié, 1 fr. — Cartonné et collé sur toile, 5 fr.

PARIS INSTANTANÉ

PLAN A AIGUILLE

D'après un système breveté de l'invention, de M. de Conty, qui permet de trouver instantanément le point cherché

Élégamment cartonné, 2 fr. 50 c. — Collé sur toile, 4 fr. 50 c.

PLAN DE LONDRES

PLAN INSTANTANÉ

Une feuille raisin. — Prix, cartonné : 2 fr. 50 cent.

CARTE TOPOGRAPHIQUE
DES ENVIRONS DE PARIS

INDIQUANT

LES CORRESPONDANCES DES CHEMINS DE FER

Une feuille raisin. — Prix, cartonné : 2 fr. 50

PLAN TOPOGRAPHIQUE DU BOIS DE BOULOGNE

Une feuille raisin. — Prix, cartonné : 1 fr. 50

NOUVELLES BIOGRAPHIES

PAR

EUGÈNE DE MIRECOURT

Prix de chaque biographie, 1 vol. in-18 avec portrait : 50 c.

Chaque volume franco par la poste, 60 c.

BIOGRAPHIES PARUES OU SUR LE POINT DE PARAITRE

J. FAVRE.	PÈRE FÉLIX.
V. HUGO.	CHATEAUBRIAND.
BERRYER.	BALZAC.
DE VILLEMESSANT.	ODILON BARROT.
DUMAS PÈRE.	TIMOTHÉE TRIMM.
J. JANIN.	PAUL LACROIX (BIBLIO-
ROSA BONHEUR.	PHILE JACOB).
EDMOND ABOUT.	GARIBALDI.
AUBER ET OFFENBACH.	GUSTAVE DORÉ.
GÉRARD DE NERVAL.	CHANGARNIER.
BOUFFÉ.	MGR DUPANLOUP.
ROSE CHÉRI.	EMILE DE GIRARDIN.

www.ingramcontent.com/pod-product-compliance
Lightning Source LLC
Chambersburg PA
CBHW071255160426
43196CB00009B/1296